王 500 个促销金点子

［日］堀田博和 著

龚先洁 译

清華大學出版社

北 京

北京市版权局著作权合同登记号　图字:01-2014-0801

BAKAURE HANSOKU AIDEA 500 © Hirokazu Horita 2011 First published in Japan in 2011 by KADOKAWA CORPORATION, Tokyo. Simplified Chinese translation rights arranged with KADOKAWA CORPORATION, Tokyo through Shinwon Agency Co. , Seoul.

图书在版编目(CIP)数据

王牌销售的 500 个促销金点子/(日)堀田博和著;龚先洁译. —北京:清华大学出版社,2020.10

ISBN 978-7-302-56535-2

Ⅰ.①王… Ⅱ.①堀…②龚… Ⅲ.①销售学 Ⅳ.①F713.3

中国版本图书馆 CIP 数据核字(2020)第 182912 号

责任编辑:王　琳
封面设计:钟　达
责任校对:王荣静
责任印制:宋　林

出版发行:清华大学出版社
　　　　　网　　　址:http://www.tup.com.cn, http://www.wqbok.com
　　　　　地　　　址:北京清华大学学研大厦 A 座　　邮　　编:100084
　　　　　社 总 机:010-62770175　　　　　　　　邮　　购:010-62786544
　　　　　投稿与读者服务:010-62776969, c-service@tup. tsinghua. edu. cn
　　　　　质量反馈:010-62772015, zhiliang@tup. tsinghua. edu. cn
印 装 者:三河市龙大印装有限公司
经　　销:全国新华书店
开　　本:148mm×210mm　印张:7.25　字　　数:181 千字
版　　次:2020 年 11 月第 1 版　　　　印　　次:2020 年 11 月第 1 次印刷
定　　价:49.80 元

产品编号:088277-01

前言

我做了二十几年的促销工作,在此期间,曾不断地思考如何更好地销售商品,长期有意识地思考和挖掘促销思路,为此书的编写积攒了许多宝贵的经验。我的促销思路的形成,得益于为防遗忘而坚持做笔记的习惯。每当我没有灵感、想法枯竭,抑或是六神无主时,我都会反复翻看我的笔记。

在开始着手编写此书时,我先从200多个促销点子中,认真筛选出106个促销金点子。抓住促销精髓,总结出如下的一系列步骤:

1. 提升顾客价值感;

2. 集中联系目标顾客;

3. 向顾客传递关怀;

4. 激发顾客的购买欲;

5. 务必给顾客发送信息;

6. 引导顾客达成目标;

7. 向顾客传递持续的满足感。

本书将分以上7阶段来详细展开,通过对不同阶段、不同场景的介绍,达到帮助读者轻松灵活地运用促销点子的目的。

这些促销金点子,将会引出500个具体的促销点子、灵感、手法、招数等,并且会附上相应的实例。

本书不适合作为营销读物,而更适合作为促销类工具书来使用。使用方法很简单——你只需在脑海中模拟向顾客介绍商品或服务的场景,并且尽可能地使这个介绍的过程变得更为生动、流畅。

然而,要找到有灵感的促销金点子,就必须要去挖掘被遗忘的重要信息。每当发现促销金点子时,做好标记,再继续阅读。将来的某一天,回过头来猛然一看,可能会发现全都是之前的标记。因此,对于加了标记的促销金点子也需要不断地探讨,不断地挖掘新想法。

对于现在的你来说,如果灵机一动,发现了重要的促销金点子,一定要将想到的好主意、企划或手法、招数表达出来,并且做好记录。进而,参考促销点子和一些实例,不断积累,从而整合出适合你自己的手法和招数。

当然,如果实际场景允许,原封不动地使用促销点子,或是稍加改变后使用都是可以的,书中"○○""××""△△"处的内容可根据你的实际需求替换成相应的商品、宣传词语等内容。当想法枯竭或一筹莫展时,你只需在脑海中将想要销售的商品描绘出来,同时翻开《王牌销售的 500 个促销金点子》,就可能会有重要发现,甚至直接找到可用的促销点子。

最后,不论是促销还是市场活动之类比较棘手的事情,本质都是"找到更好的销售方法"。因此,"顾客至上"是自古以来的唯一要诀。根据不同的情况,促销的方式或和顾客接触的形式可能会有所不同,但这个本质是从未改变过的。有鉴于此,本书介绍的促销精髓直指本质。

希望能通过本书的促销金点子,帮助读者最大限度地发挥自己的语言天赋和潜在才能。

堀田博和

2011 年 10 月

目 录

Part 2　集中联系目标顾客

Part 3   向顾客传递关怀

Part 5　务必要给顾客发信息

Part 6   引导顾客达成目标

Part 7   向顾客传递持续的满足感

Part 1

提升顾客
价值感

尽全力使该商品对顾客的价值最大化。

　　你的首要任务是增加你所提供商品的价值。同时，必须将"顾客决定商品价值"这句话铭记在心。不论商品有多好，不论你多有信心，如果面前的顾客感受不到商品的价值，那么这个商品等同于没有价值。

　　因此，尽量收集顾客的详细信息，例如，顾客觉得什么样的物品有价值，顾客需要什么，顾客对什么感兴趣，这些都是你必须要了解的信息。

　　在明白顾客的诉求，理解顾客对商品的价值观感之后，就要设法把商品的价值最大化，使用各种方法、手段来尽量提升商品的价值，从而尽全力使顾客感受到商品的价值和魅力。

01　尽情畅享

对于顾客来说，当他们用最小的成本换取最大的成果时，就会感到喜悦。在定价时，不论价格多少，若是能让顾客感受到尽情畅享的愉悦，那么与所负担的价格相比，获得最大限度的满足感更容易使顾客感到开心。商品的定价简单明了，能让顾客有安心感，使顾客忽略价格的因素，从而自由选用商品。

01　付额定费用即可无限畅享

例 ▶ ▶尽情吃　　▶尽情喝　　▶尽情乘坐

　　▶尽情游玩　▶尽情敲打　▶尽情做

　　▶尽情观赏

Point ◉ 设定让顾客感到放心并且简单明了的金额。

　　◉ 用菜单的奢华性、选择的多样性和商品的价格来共同吸引顾客。

　　◉ 按照选择的顺序和种类，标注出各个等级长期以来的顾客消费单价。

02　提供月费、日费等固定费用套餐

例 ▶ ▶一年的总额正好是若干元　▶一个月之内若干元可随意使用

　　▶一整天若干元可尽情享用　▶若干元即可享受 2 年保修

Point ◉ 为顾客设定长时间的定额消费。

　　◉ 告知顾客有长期的多种极佳的体验或服务。

　　◉ 对于长期合同，设定折扣更低的消费套餐，用具体事例说明长期合同与短期合同相比所具有的优势。

感受价值

目标

注意

刺激欲求

信息

目的性的行为

持续的满足感

03 指定标准内的自由享用

例▶ ▶整袋（箱）都可装满　▶可以从喜欢的商品中任选若干种

▶可以自由组合某些商品、全部商品单价均为若干元

Point ●设定一定的标准（箱、袋、种类、数量等），在此标准内顾客可自由享用。

　　●强调顾客可按喜好自由地选择。

　　●告知顾客与按单品购入的价格和分量相比是获利的。

02　寻找对自身需求感到困惑的顾客

　　在顾客感到需要帮助的时候，一定要做出一些暗示。通常，在发现顾客的变化和细微暗示后，要去探寻顾客在何处有什么需求，寻找解决方法并挖掘潜在的需求。在这一方面，需要我们时常去寻找对自身潜在需求感到困惑的顾客群体。

04 探寻有困惑的顾客的隐藏需求

例▶ ▶确定主要顾客再进行接待　▶寻找有困惑的顾客

▶询问顾客感到困惑的内容

Point ●询问困惑的内容，并将其回答作为需求信息有效利用。

　　●将解决顾客困惑的方法作为信息共享。

　　●询问顾客"您是否总是对同一件事感到困扰""您是否总是有同样的烦恼"，并找出顾客真正的需求。

05 叫住正在着急的人

例▶ ▶叫住突然着急起来的人和突然改变动作的人

▶叫住突然停住脚步的人

Point ◉ 关注顾客突然改变的动作。

◉ 头或是身体的方向等发生动作改变就是行动的前兆。

◉ 当顾客有东张西望、四周找寻的动作时,应立即上前接待。

◉ 当顾客脚步放慢时,就是表现出兴趣。

06 将困惑的解决策略商品化

例 ▶ 某种困惑的常规解决办法　▶ 某种舒适服务

▶ 任何问题都可解决的通用对策　▶ 某种放心服务

▶ 消除某种不安的通用方法

Point ◉ 引入可解决顾客困惑的服务或商品。

◉ 探讨将困扰的解决方法转化成针对顾客需求的新产品(需另付费用的选择服务)。

◉ 告知顾客针对发生的问题和不安今后将会有更便捷的解决服务(需付费)。

03 商品的组合销售策略

　　顾客的购买方式多种多样。在笔者的认知中,只购买自身需要的东西并不会觉得满足。为了获得这种满足感,顾客往往会想要购买所有有必要的商品。站在顾客的角度思考,尽量将顾客需要的商品做成最佳组合,让顾客不论何时都能够更简便地购买。

07 将主题商品组合成套装销售

例 ▶ 春之○○套装　▶ 成熟男士○○套装　▶ 夏日出门○○套装

▶ 冬日○○套装　▶ 考生助考○○套餐

感受价值

目标

注意

刺激欲求

信息

目的性的行为

持续的满足感

Point ◉ 将当前流行话题的主题或多种合适的主题组合成套餐。

◉ 按季节或时令作为主题搭配。

◉ 按特定的人(有条件的人)感兴趣的主题搭配商品。

08 将同类商品集合销售

例 ▶若干个打包买更合算　▶按段(箱)销售　▶按一套若干个

销售　▶若干千克装的合算套装　▶若干本的打包装

Point ◉ 将合算的商品集合销售。

◉ 用大袋子或箱子销售。

◉ 单品高价销售,或者不销售单品只销售套装。

◉ 按固定的重量(10kg、1kg 等)或数量(50 个、100 本)单位来销售。

09 将有便利性的商品组合成套销售

例 ▶销售帮助独居者的套装商品　▶让主妇轻轻松松的○○套装

▶○○看护套装　▶○○选择性套装

Point ◉ 将感觉能提供便利的商品全部集合起来作为套装商品进行销售。

◉ 从顾客的呼声中选择套装内容。

◉ 考虑将能节省时间的商品组合成套装。

◉ 从顾客的购买结果中考虑便利的套装。

10 用专业的眼光选择性地推荐成套销售

例 ▶必胜的搭配套装　▶严格选择保养套装

▶用专业性眼光严格选择某种套装　▶厨师长精心挑选的套餐

Point ◉ 告知顾客行家或专业人士挑选推荐的商品。

◉ 将实际上专家喜欢用的东西加入套装进行销售。

◉ 从专家视角说明选择该商品的理由并传达给顾客。

11 将顾客需要的所有商品成套销售

例▶ ▶灾害时的救助品 ▶此物在手万事不愁的万全套装

▶一次性套装 ▶放心包裹

Point◉将一定场合下需要的东西全部组合成套装来销售。

◉告知顾客若是无此商品则会不便。

◉展示有此商品变轻松的实例。

◉将便于携带的包装(袋子、箱子)等一起销售。

04 对顾客感到麻烦的事务提供服务

在消费行为中,顾客必然会有迫于无奈而做的选择或事情,有很多甚至是销售员工也不想它发生。因此,如若对此提供服务的话,顾客肯定会感到更开心。请不要让顾客做其不想做和感到麻烦的事。

12 将顾客感到麻烦的东西转化成商品

例▶ ▶估计顾客的所有请求并提供服务 ▶提供价格比较服务

▶提供信息检索服务 ▶提供代为配送服务

▶提供代为处理事务的服务

Point◉标出顾客行为中感到麻烦的事情。

◉考虑为感到麻烦的行为或行动提供商品(服务)。

◉提供代替顾客调查某一领域相关的更详细信息的服务。

13 考虑提供精简顾客行动的服务

例▶ ▶提供整体套装服务 ▶二次到店可申请预约套装服务

▶提供必需品的一次性申请

Point ◉尝试标出与所提供商品有关的、顾客购买前后的动作和行为。

◉提供简化顾客行动的服务或是提供代理服务。

◉告知顾客被简化的行动所体现的更方便的价值。

14　为顾客的日常行为提供服务

例 ▶提供代理家务、洗衣、做饭、看孩子、店铺（住宿）预约服务

Point ◉标出顾客常有的行动和作业。

◉检讨本店提供的代理服务是否有价值，是否是顾客需要的。

◉顾客将自己能够做的事交给我们代理，我们就要设法让顾客满意。

05　向顾客传达需要的信息比什么都重要

顾客真正想知道的信息并不是商品本身的详细信息，而是能达成顾客目的或解决问题的相关信息。首先，要了解顾客有何目的，有何问题；然后，准备其需要的信息，与商品一起介绍给顾客。

15　了解顾客想要传达或获取的信息

例 ▶设置情报角

▶顾客的疑问排名

▶顾客最想了解的信息在这里

Point ◉标出想要传达的信息，从顾客角度将其想了解的信息按优先顺序排列。

◉将顾客疑问多的地方按序解答并表示出来。

◉从顾客角度来看，将其想了解的信息作为最主要的信息。

16 收集疑问，传达更加详细的信息

例▶ **请告诉我们您的疑问**

▶ **为您解答您的疑问**

▶ **通过疑问换取折扣的宣传活动**

Point●开展寻找顾客最想了解的问题的问卷调查。

●收集疑问并将折扣等特惠作为礼物赠予参与者。

●再次检查登载有关疑问的更详细解说及信息的商品指南和传单。

17 问询中不断更新新的信息

例▶ **近期高频问询的疑问角**

▶ **这种疑问如此之多**

▶ **设置大家疑问的告示牌**

Point●让顾客快速了解近期的疑问内容。

●将近期增加的问询集合起来展示。

●用告示牌形式展示顾客的疑问和解答。

06 最大化地表现出顾客的价值感

即使看到与顾客想要的相同，也要改变其价值感受。不仅告知顾客该商品的优点，还要告诉顾客商品的变化。了解目标顾客的真正诉求，然后将商品具有的优势（价值）让顾客最大限度地感受到，最终通过一些方法告知顾客。

18 探寻出顾客内心潜藏的真正需求

例 ▶ 对顾客的选择理由进行问卷调查

▶ 开展提供优质服务的宣传活动

▶ 征集顾客想要的服务

Point ● 发放问卷征集顾客选择的三个理由,并将特惠作为谢礼赠予顾客。

● 向顾客征集其认为很好的服务,并向回答者赠送特惠,将排名靠前的服务赠予顾客以体验。

19 告知顾客他想做的事是可行的

例 ▶ 用"可随意尝试"来吸引顾客 ▶ 热烈欢迎

▶ 请自由享用 ▶ 请按喜好自取

Point ● 告知顾客其所求的东西、想做的事都可以自由完成。

● 有效利用按喜好、自由、充分、随意等给予刺激的关键词。

● 告知顾客"在这里可以真切地享受到"。

● 呼吁顾客"请尽情享受直至满意"。

07 检查和确认顾客即将带回家的物品

顾客打包带回家的物品或顾客手里剩下的东西都需要在其临走前确认一遍,哪怕只有一点点东西,也要搞清顾客的详细需求。在和顾客所有的接触过程中,要根据具体情况采取最有效的交流方式。

20 制作好各种数据、账单的样本

例 ▶ 在收据上书写谢词 ▶ 在收据上印刷折扣券

▶ 在收据上宣传新菜单 ▶ 制作各种收据样本

Point ◉考虑是否可以在收据的留白处传达其他信息。

◉印刷顾客下次来店可使用的特惠券或折扣券。

◉准备各种设计和标记不同的收据供顾客挑选。

21 将信封、纸袋的样本等封好

例 ▶设计和制作顾客喜欢的包装袋　▶准备数种符合场景的纸袋

▶将广告放入信封中　▶制作带折扣券的信封

Point ◉从华丽到朴素，准备多种设计风格的纸袋。

◉制作含有自家店铺广告的纸袋。

◉将信封本身作为广告空间来介绍今后的新服务。

◉在信封上印上下次可使用的特惠券和折扣券。

22 在详细说明书里加入想传达的信息

例 ▶在说明书里加入感谢信息

▶顾客下次凭说明书即可享受特惠

▶在说明书上刊出自制问答并赠送小礼品

Point ◉在说明书上加入一些信息。

◉在印刷体的说明书中加入一些手写的话。

◉将说明书作为促销工具向顾客宣传新服务。

◉顾客下次消费凭说明书即可享受折扣等特惠。

◉在说明书上告知顾客本公司的主页网址。

23 将坐席卡、钥匙卡等作为纪念品赠予顾客

例 ▶在标有姓名的坐席卡上标注日期和问候

▶在钥匙卡上加入日期和风景照

▶准备可带走的备用品（小物件）

感受价值　目标　注意　刺激欲求　信息　目的性的行为　持续的满足感

Point ◉ 为顾客购买的东西加入一些问候语。

　　◉ 作为纪念物品,加上日期并让顾客自己书写问候语。

　　◉ 让顾客能够感受到到手的小物件或卡片上的季节和风景的情感。

---

24 在店铺介绍卡(名片)上印上本店网址导航

例 ▶ 在办公桌或柜台上放置本店铺的介绍手册

　　▶ 将杯垫做成本店铺的介绍手册

　　▶ 给顾客的名片,在名片上印出本店铺介绍

Point ◉ 将本店的介绍制成名片大小,放置于顾客可以随意带走的地方(桌上、洗手间或柜台)。

　　◉ 提供可供顾客下载的店铺信息和照片(画面信息)。

　　◉ 让顾客可以在主页或手机网站上便捷地看到店铺的详细信息。

---

25 让顾客把本店提供的菜单带回家

例 ▶ 提供可带走的小型菜单

　　▶ 提供主页或手机网站可阅读的菜单

　　▶ 提供动画可视菜单

Point ◉ 提供可带走的印有服务菜单或目录的广告单等纸质信息。

　　◉ 将菜单内容刊登在网上并且提供便捷的下载功能。

　　◉ 利用动画网页,让顾客不论在何地都可观看服务菜单动画。

08 为顾客准备好他"接下来想要的东西"

随着时间的流逝和环境的改变,顾客的需求也会随之变化。此刻满足于眼前拥有的东西,下一刻可能就想要另一样。因此,预测顾客接下来的需求和接下来的行动,让顾客想要的东西浮现在眼前,引导顾客乐意接受我们为他提供的商品或服务。

26 提供顾客下一步行动的菜单

例▶ ▶销售与服装搭配的饰品　▶饭店可销售外卖(甜品等)

▶宾馆可提供各种票务服务

Point●想象现在的顾客下一步想要的东西和想做的事并标出他们的需求。

●探讨能否将需要的东西商品化、服务化。

●探索有什么可以使顾客的下一步行动更加便利。

27 提供下一步可代为实施的行动的菜单

例▶ ▶家电等各种固定服务

▶二次宴会或排队的预约(规划)代理服务

▶房产中介服务

Point●考虑能否提供代替顾客下一步行动的商品或服务。

●考虑一个月后、半年后、一年后顾客所采取行动的代替商品和服务。

28 提供可以省略的事前准备等手续的菜单

例▶ ▶回收决定搬家的顾客的不用物品　▶交货时回收旧物

▶请帖制作和导游的代理服务

Point ● 决定购入(预订)该商品时,如果有接下来必需的手续和工作,探讨能否将其商品(服务)化。

● 告知顾客可提供减少其麻烦的服务。

● 购入减少其麻烦的服务可享受特惠。

● 对顾客所面对的麻烦事进行详尽的说明。

09 让顾客产生不满足于只拥有当前物品的感觉

对当前物品满足的顾客,在不久之后,也会开始在心里泛起"习惯""厌烦"的感觉。因此,在这之前,商家为顾客提供少许变化的和加入一些新元素的东西是很有必要的。不断重复提及,以让充满厌烦感的顾客了解会有比现在更好的、更新的、更富变化的商品。

29 提供应季或当季的产品

例 ▶ 在菜单名中加入季节　　▶ 这是当下的时令商品

▶ 设置体验先于季节、时令的专柜

Point ● 标出可体验季节的商品。

● 询问自己:"这的确是应季的东西吗?"

● 检查走到外面是否真的能感受到季节感。

● 设置能感知季节的装饰、活动和陈列等,让顾客的心情转向季节感和时节感的趣味性。

30 提供次日、次月的菜单

例 ▶ 今天的每日新套餐　　▶ 每日更新的午餐套餐

▶ 推荐每日更新的某种套餐　　▶ 本月的每月新菜单

▶ 本月的特别菜单

Point▶◎清楚地向顾客传达每日新套餐或每月新套餐的商品消息。

◎每日更新的商品可通过优惠价或限定数量来提升其价值。

◎提前告知顾客下次每日套餐或每月套餐的内容或预约(提前预告)。

31 通知顾客产品会有定期或者不定期的变化

例▶ ▶不定期改变卖场和商品的陈列

▶告知顾客商品构成和卖场等的变化

▶续订(改装)规则

Point▶◎了解顾客大概的到访周期并提前布置卖场。

◎布置能让顾客感觉到不论何时到访都有新变化、新商品的卖场。

◎布局让顾客一眼即可看出很大变化。

32 加入流行商品和人气商品的要素

例▶ ▶正流行的某某专柜

▶现今具有超人气的某某专柜

▶现今备受瞩目的某某专柜

▶流行动向专柜

Point▶◎探寻、浏览女性杂志和介绍流行动向的杂志,并提供人气商品可购买方式。

◎在附加物品和装饰配品中加入流行元素。

◎时刻准备可以购买流行商品的专柜和空间。

感受价值 目标 注意 刺激欲求 信息 目的性的行为 持续的满足感

10　加入媒体好评的要素，让顾客产生惊讶的感觉

在易于变成街谈巷议的信息中，"这是真的吗?!"这类语句传达令人难以置信的感觉，容易激发听到者、看到者的好奇心，从而让其产生转告其他人的兴趣。不管吸引了多少人的关注，如果想要成为媒体的宣传材料，就一定要制造出"真的吗?!"这类带来惊讶感的语气效果。

33　在企划书中采用类似"这件事是真的吗?!"的设问句表达

例 ▶ **真的是免费的吗?!**

▶ **这件衣服真的可以试穿吗?!**

▶ **真的可以使用套房吗?!**

Point ◉ 通常留下这种印象的东西会让人有很惊讶的联想。

◉ 对于想着何时要体验一下或一直期待着的东西等，制造可以提供随意体验机会的话题。

◉ 尝试考虑使用不可能的氛围或不能完成的演出活动。

34　加入"啊?!"等表示吃惊的语气

例 ▶ **火辣辣的味道**　　▶ **裹着金箔纸食用○○**

▶ **可自己烧制的高级牛排店**　　▶ **鹅蛋食物**

Point ◉ 舍弃普通组合，以完全相反的元素组合吸引顾客。

◉ 将平时不会吃的东西作为食材组合起来

◉ 对于新手可能会失败的体验，提供专家指导意见。

35 成倍地加大音量或放大字体

例▶ ▶比脸型更大的○○ ▶容量大如身高尺码的○○

▶3 倍容量（尺寸）的○○ ▶超大容量的○○

▶最大容量的○○

Point ◉尝试能否采用比常规的大几倍的字号。

◉若用大几倍以上的字号，考虑用强有力的语言对分量和尺寸进行宣传。

◉即使卖不出去也要大胆使用好点子来描述有趣的大分量菜单。

36 商品定价低至通常价格的 1/3 以下

例▶ ▶令人震惊的 3 折柜台 ▶今日超级热卖柜台

▶"跳楼大甩卖"柜台 ▶令人震惊的 3 折以下的柜台

Point ◉考虑能否设定让顾客感到便宜到难以置信的价格。

◉设置聚集了令人震惊的价格的卖场或柜台，让低价更显眼。

◉用"低至平日价格的一折"这类字眼来凸显其最便宜。

37 将商品定价为通常价格的 10 倍

例▶ ▶将最高级食材用于普通食物

▶一千元的○○套餐

▶明星○○套餐

▶专注味觉的○○套餐

Point ◉自己进行检讨："如果商品的价格定为通常价格的 10 倍的话，要怎样的商品，顾客才会接受呢？"

◉用谁都能感受到高级的素材和原料来改变商品的内容。

◉给商品起一个有档次的名字。

感受价值

目标

注意

刺激欲求

信息

目的性的行为

持续的满足感

11 使商品更易于使用

　　尝试将对商品的操作或服务行动变得更简便。仅仅因为使用更为简便，就能产生实际价值并让顾客真切地感受到。顾客当然讨厌麻烦，而想尽量轻松便捷。顾客会观察该商品是怎样使用的，并认真考虑如何使用更为简便。

38 增加快捷功能或服务

例 ▶ 将方便使用的性能进行一次体验

▶ 对费事的项目提供代理服务　　▶ 设置○○便捷功能

Point ◉ 考虑能否将常用功能一键化。

　　　 ◉ 为顾客实际演示便捷功能。

　　　 ◉ 增加一些将各项作业集中起来的功能（服务）。

39 大胆删减烦琐功能

例 ▶ 样品功能　▶ 简单打包　▶ 简捷套餐　▶ 样品打包

Point ◉ 大胆尝试减少功能（服务）。

　　　 ◉ 尝试提供只有简单功能的商品。

　　　 ◉ 将简便性通过关键词来商品化。

　　　 ◉ 省略多余的东西，将样品内容简单化、价格便宜化。

　　　 ◉ 明确告知顾客物品的便利和简单之处。

40 让顾客便于单手操作或使用

例 ▶ 利用"嘭！"一键式的便捷服务　　▶ 单手即可流利操作

▶ 每个人都会的手上操作

Point ◉让顾客用单手即可感觉得到。

◉让顾客动一个手指即可简单地操作，将这种"手指操作"告知顾客。

◉为使单手即可使用，集中功能，使商品小型化。

◉用单触式动作操作来吸引顾客。

41 使商品便于顾客携带

例 ▶无线化　　▶便携化

▶口袋式○○　　▶移动化○○

Point ◉自问商品"是否可携带"。

◉尝试将商品做成可放入口袋的大小。

◉考虑能否将电线等附属物去掉。

◉想办法设计可携带的○○、便携型○○。

12　使商品便于打包带回

　　顾客在很多场合下都有买了东西要带走的需要。换言之，需要让顾客除了要有购买意识，还要有将商品带回家的意识。因此，要从物理上和心理上两方面来下功夫使商品便于带回家。让商品更易于带回家吧！

42 设置可打包带走的套餐

例 ▶打包带走专门商品　▶可打包带走的菜单

▶特产专供○○　　▶自家打包专供○○

▶可带走商品

Point ◉在商品中准备可带走的部分。

◉将菜单中可带走的部分标上印记。

◉准备可带走的专供商品。

◉考虑将礼物中让顾客欢心的部分商品化。

◉一定要告知顾客本店有可带走商品。

---

43 将商品做成易于打包带走的形状（利用包装袋或是纸袋）

例 ▶为商品制作把手 ▶添加看不到商品内部的外包装

▶在外包装上打孔以便拿起 ▶提前包装

Point ◉准备多种应对场景使用的纸袋。

◉设置便于带走的把手。

◉为使商品内部不可见要添加商品外包装。

◉制作可以快速打包带走的商品包装。

---

44 通过配送服务或送货上门等方式送货

例 ▶设置送货上门、配送专柜 ▶提供配送专用的免费瓦楞纸

▶购买○○元以上即可提供免费配送服务

Point ◉对于重的商品和顾客不愿携带的商品，提供送货上门服务。

◉将赠品和礼物等物品像顾客喜欢的商品一样包装起来并进行相应

配送。

◉一定要告知顾客提供配送服务。

◉设置受理配送服务的签字点和专柜。

---

45 将数个商品一起打包便于顾客携带

例 ▶将数个商品集中打包 ▶准备可将数个商品入内的包装箱和

包装袋 ▶在重的商品近旁放置搬运车

Point ◉ 将数个商品集中捆绑起来装入袋子,让顾客不论是购买,还是打包带走,都感到方便。

◉ 准备可以集中起来购买的专用包装箱或包装袋。

◉ 在重的商品附近放置手推车和搬运车。

◉ 以 3 个打包、5 个打包等形式,使产品能够用 1 个大包装装起来。

13　使商品便于顾客食用

　　即使是同样的东西,通过细微的处理,食用方法也会变得多种多样,让食用方法变得简单有利于更好地销售产品。告知顾客,如今本店的东西,因为有了"食用更简单"等新点子,已经完全区别于其他商品,在各种情况下都可以尽情享用。

46　使食物单手拿着即可食用(单手化)

例 ▶ 单手拿着食用的○○食物　　▶ 为了便携做成串状

▶ 用可食用的容器进行包装

Point ◉ 设法使食物单手拿着即可食用,并进行销售。

◉ 将食物包装起来便于手拿食用。

◉ 考虑能否将食物用木棍或竹签串起来以易于食用。

◉ 给顾客看单手食用的照片和插图。

47　使食物不用筷子或餐叉即可食用

例 ▶ 空手即可食用○○

▶ 直接装入可食用的包装袋

▶ 使用易于食用的单个包装

感受价值

目标

注意

刺激欲求

信息

目的性的行为

持续的满足感

Point ◉ 设法让食物手拿即可食用。

◉ 考虑能否用牙签或木棍串起来，拈起即可食用。

◉ 使用便于食用的尺寸(××尺寸)包装进行销售。

◉ 考虑将商品做成棒状，用纸卷起来即可食用的易拿易食用的形状。

48 将食物制成一口即可食尽的大小

例 ▶一口　　　　▶将食物做成用牙签串起即可食用的大小

▶小型、迷你　　▶分成小份销售

Point ◉ 将商品做成一口可食用掉的大小。

◉ 考虑能否用"迷你""小型"等关键词来形容小型商品。

◉ 考虑能否把大的商品分割成小份商品。

49 部分种类可由顾客自主选择数量多少

例 ▶普通份、大份、特大份

▶大、中、小尺寸　　▶迷你尺寸

▶半份　　　　　　　▶1.5 倍尺寸

▶从各种重量中进行选择

Point ◉ 考虑能否让顾客自己从数个商品重量的阶段选择自己喜欢的。

◉ 考虑能否准备商品重量一半的半份装。

◉ 准备量大的 1.5 倍或 2 倍的大份装。

50 将刺激性强烈的食物温和化

例 ▶口味清淡　　▶味道温和

▶掩盖刺激性味道的○○

▶添加让味道变温和的食材

Point ◉ 通常情况下,考虑能否将刺激强烈的东西温和化。

◉ 考虑能否将过辣、过甜、过咸的东西温和化之后进行销售。

◉ "控制○○味道的××""掩住○○味道的××"表现出来。

14 将产品的优点在体验前告知顾客

先入为主的观念往往会给顾客后续的体验造成很大影响。因此,在顾客体验前,将产品的优点等信息简明地传达给顾客是至关重要的。显然,在顾客体验前传达给顾客的信息,其价值或对顾客的影响要远远大于体验后再传达。

51 在消费者体验前进行简要的解说

例 ▶ 将简要的说明置于桌上、柜台、菜单、筷子袋、座位旁等地

▶ 在等候场所放映宣传动画

Point ◉ 对顾客体验时目光能及的地方进行简要的说明。

◉ 利用桌子周围的闲置空间,传达简要说明。

◉ 若顾客订购,则将简要说明通过短信发送给顾客。

52 事前公开有关商品的具体信息

例 ▶ 在主页上提供相关信息

▶ 发放商品目录(信息杂志)等

▶ 在广告上公开详细信息

感受价值

目标

注意

刺激欲求

信息

目的性的行为

持续的满足感

Point ◉ 在主页或商品目录上传达商品有关的简要说明和详细使用方法。

◉ 制作并发放该商品或服务有关的信息杂志。

◉ 公开相关信息的详细说明的同时，提供网上下载服务。

53 将产品的优点在顾客体验前进行简洁的介绍

例 ▶ 在端出食物的时候进行简要说明

▶ 在顾客进店时、订购时进行简要解说

▶ 在顾客体验前留出简要说明的时间

Point ◉ 在接待顾客或提供商品时，坚持执行对商品进行简要说明的制度。

◉ 为了做到简要解说，事前要在欲传达内容上下功夫，以便在提供商品前能够很好地传达给顾客；为了能在顾客体验前简明扼要地介绍商品，事先要对想表达的内容仔细斟酌。

15 进行现场直播

所谓现场直播，有其特有的诸多魅力。要有不容失败的紧张感，也要对商品保持真正的自信，将原汁原味的临场感受及时地传递给顾客。若对自己提供的商品自信，即使平时对该商品了解不够深入，也要在现场将商品本身的特点、真正的优势和价值真真切切地展示出来。

54 为顾客呈现商品的制作过程

例 ▶ 举行工场参观活动

▶ 设置可以看见服务现场的会客室

▶ 设置可以看见现场作业的玻璃墙

Point ●探讨能否在顾客的消遣场所和洽谈场所看到工场和生产现场的场景。

　　●让顾客在销售和洽谈前进行工场参观。

　　●用可透视玻璃墙代替工场的墙壁。

　　●思考生产现场的外观是否也令人愉悦,使此部分看起来很有组织性。

55　将制作过程通过展销会形式呈现

例 ▶将烹调场景作为料理秀为顾客呈现

　　▶在制作过程中加入演出性的要素和行为　　▶配备美观的服装

Point ●尝试能否边播音乐边演示制作过程。

　　●考虑能否让顾客愉快地观看并加入演出性动作的制作过程。

　　●考虑能否更换操作人员的服装进行愉快的表演。

56　将修理及加工过程通过监控展示

例 ▶对操作场景进行有点评的实况转播

　　▶用小型摄像机将操作过程记录下来作为纪念品赠予顾客

Point ●探讨能否对烹调和操作现场进行添加评论的实况转播。

　　●考虑能否保留操作过程的录像,并将其作为礼物赠予想要的顾客。

　　●考虑能否在顾客席设置评论员席位,向顾客传播具有现场感的场景。

57　在顾客眼前完成产品最后工序

例 ▶现场进行表面烧焦并最终完成　　▶现场进行装饰配品

　　▶停在最终完成前的状态

Point ●最后的工序如果能在顾客眼前完成,则可边操作边让顾客参观。

　　●考虑能否在顾客眼前进行产品的最后装饰。

　　●送到顾客面前再进行最后一道工序。

感受价值

目标

注意

刺激欲求

信息

目的性的行为

持续的满足感

16 将产品的优势优先通过真实的故事传播

在宣传商品的价值和优势的时候,通过真实的小故事的介绍,会产生巨大的说服力。一边诉说着有关这个商品的一些趣事,一边不动声色地把商品的真正优势展现出来。将商品拥有的价值和感情融入听众身边的小故事,从而引起顾客的兴趣。

58 将顾客使用前后的巨大变化以富有感情的方式宣传

例▷ ▶将与变化有关的感人小故事传达出去

▶将与此变化同时产生的巨大情感变化传达出去

Point ● 将顾客使用该商品前的状况客观描述出来,并与使用后的状况在同样条件下对比。

● 将由此变化产生的喜悦之情有感情地表达出来。

● 有效利用令人欣喜的变化发生时顾客脱口而出的话。

59 将发生的问题和解决后的幸福感进行对比宣传

例▷ ▶展示商品到手之后产生的幸福场面

▶让顾客切身感受到有这类问题的人数之多

Point ● 将产生的问题尽量准确传达,并提出其困难性。

● 利用数据告知顾客这类问题存在的普遍性。

● 问题解决后,将从烦恼中解放出来的幸福感传达出去。

60 将顾客从苦恼中解放出来的感情传达出去

例▷ ▶将烦恼和烦恼被解决后的愉快心情传递出去

▶将顾客从烦恼中解放出来的感情充分表达出来

Point ● 介绍其他顾客的烦恼和苦衷,让顾客对此产生共鸣。

　　 ● 介绍从烦恼中解放出来的顾客的经验从而引起顾客兴趣。

　　 ● 展示客观的统计数据加深顾客的信任感。

17　尝试使用顾客意料之外的产品外形和原材料

　　商品的价值,并不只取决于它的品质和顾客对它的好评,商品外观和外形的不同,也可能导致价值存在很大的差异。如果商品形状和外观能给顾客带来意外的惊喜,即第一眼看到就能给人深刻的印象,外观传达出来的感受和印象不同,自己感受到的价值也会发生变化。即使商品内容不变,也请将商品的形状和材料以及外观做成顾客预料之外的样子。

61　将产品制作成与众不同的形状和构造

例 ▶ 将圆形产品做成立方体　▶ 将立体的产品平面化

▶ 将平面的产品立体化

Point ● 考虑能否通过改变产品形状来使顾客的印象发生很大改变。

　　 ● 联想合适的、完全不同的形状(平面⇔立体,球体⇔立方体等)。

　　 ● 通常,将某商品本来的这个形状变成与印象完全相反的形状。

62　通过提供的容器等材料为顾客制造意外惊喜

例 ▶ 将容器等变成石头、树叶等自然物

▶ 提供冰、蔬菜等食材做成的容器　▶ 制作纸质容器

Point ● 尝试提供为顾客带来意外惊喜的容器。

　　 ● 提供蔬菜和食材等可食用的东西做成的容器。

　　 ● 有效利用自然物(石头、岩石、大叶等)来制作容器。

感受价值

目标

注意

刺激欲求

信息

目的性的行为

持续的满足感

63 使产品外观看起来与众不同

例 ▶ 使商品"看似是○○实则是××"

▶ 看似是饭团实则是甜食

▶ 让外观看起来截然不同

Point ● 使用与外观截然不同的东西来加深印象。

● 在外观上使用季节性的材料,内部使用别的材料。

● 探寻适合"看似是○○实则是××"的东西。

● 将成品用别的材料包裹使其看起来像别的东西。

64 使用从未用过的颜色吸引顾客

例 ▶ 使用绚丽多彩的颜色(如粉色) ▶ 使用金属色调

▶ 使内部骨架可见

Point ● 尝试给此类商品使用罕见的颜色。

● 尝试给该商品使用从未试过的颜色。

● 尝试给一类商品使用华丽的颜色。

● 使用内部可见的透明颜色。

● 用金属、布料、纸等外部材料将商品变成意料之外的东西。

18 将制作过程公开化

煞费苦心完成的作品,如果在作品完成时谁都不知道的话,那么煞费苦心的意义也会随之减半。因而,无论如何,在完成作品时,不论是让谁看见,都要让制作过程可见,让制作本身可展示,并可以在制作完成时做上标记或签名。

65　将看不见的制作过程通过道具展示出来

例▶ ▶保留制作完成的卡片

　▶在制作完成的地方添加手工折纸

　▶制作完成的一句话卡片

Point◎准备代表制作完成的标记(信息卡、小饰物、折纸、花等)。

　◎不仅外观良好,也要考虑好点子来代表完成一场愉快制作工作的标志。

　◎将制作人的名字作为信息记入。

66　设置可参观的展示道具的场所

例▶ ▶将制作完成的场景、确认票据、完成表等贴于可参观的墙上

　▶备置制作完成的纪念票(标志)

Point◎将操作完成的日期和操作者记录在纸板上,贴在顾客可以看见的地方。

　◎操作完成的话则备置纪念票,并将看板翻过来在上面留下签名。

　◎在操作完成时加入幽默诙谐的语言、插图等。

67　对烹调方法和耗时较长的后台工作进行解说

例▶ ▶让准备工作可见并进行充分的解说

　▶利用闲暇时间进行解说

　▶招募后台工作解说员

Point◎通常没有解说或说明的话,可尝试对后台工作的操作内容和耗时较长的地方进行简要说明。

　◎将操作部分制成录像,随时播放。

　◎招募体验后台作业的解说员,并请其写出体验感想,以此作为解说材料来有效利用。

感受价值

目标

注意

刺激欲求

信息

目的性的行为

持续的满足感

68 将真实的制作过程可视化

例
▶ **在顾客眼前进行操作**

▶ **将操作过程的录像进行实况转播**

▶ **将操作过程按照片的顺序进行具体的解说**

Point ● 对操作流程进行一系列的静止画面和动态画面的摄影,采用实况转播或现场评论解说等方式放映。

● 准备对操作流程的照片(插图)进行使用说明的工具(资料、传单)。

● 使用简单模型,在顾客眼前对操作过程进行说明。

19　使顾客在自家也可享受服务

顾客在家里就能享受到良好的服务,这无疑会给我们提供的服务增值不少。因此,尽量设法满足顾客的这类需求,比如"在家里一边做家务,一边享受相关服务""在家里可以不用在意他人的眼光,尽情享受服务""和家人一起共同享受家庭套餐"等需求或愿望。

69 提供上门(外卖)服务

例
▶ ○○配送服务　　▶ 请您在家从容享用○○

▶ 主厨上门服务　　▶ 日式料理师上门服务

Point ● 考虑能否提供配送服务。

● 考虑最后的一道工序在外送的地点完成是否能催生更大的价值。

● 考虑让操作者(厨师等)上门服务是否会增加产品的魅力和价值。

70 提供邮购（送货上门）的服务

例 ▸ ▸通过邮购销售对应商品

▸为了能够配送上门对商品进行必要的加工

▸销售冷冻产品（可保存的）

Point ◉从菜单中寻找可邮购的商品，考虑制定针对邮购的商品规格（品质、包装等）。

◉考虑设计能够让远方的人享受到、体验到的新概念商品的内容和企划。

◉考虑能否将刚出锅的产品冷藏或冷冻后配送。

◉告知顾客"可在您自己家里尽情享用○○"。

71 提供商品打包外带服务

例 ▸ ▸可将完成品直接带回家的"可带走商品"

▸专用的外带容器（袋子） ▸外带容器（可出租）

Point ◉考虑能否将平常不能外带的商品变成可以外带的商品从而讨顾客欢心。

◉准备外带的专用袋子（箱子）。

◉为希望外带的顾客准备专用的可出租容器，以邀请他下次再来本店。

◉在店外设置了可供外带的专用的柜台。

72 设定可在自家享用的家庭套餐

例 ▸ ▸让顾客可以在自己家里进行简单的加工

▸自家的○○套餐 ▸在自家可随意享用的"家庭○○套餐"

Point ◉考虑顾客能否在自己家里对商品进行加工后享用。

◉考虑按照家庭人数（3～4 人）享用的套餐。

◉为了让顾客可以在自家享用，考虑能否准备适合顾客口味的套餐。

◉为顾客展示在自己家里享用的照片和录像。

73 在产品刚刚完成的状态下售出

例 ▶ **真正耗时长久的正式产品○○**

▶ **只有用○○才能完成的商品**

▶ **仅需解冻（加热）即可完成的商品**

Point ◉ 为了让顾客在自家可以简单地完成最后的工序，考虑能否在最后的工序完成前进行销售。

◉ 考虑销售仅需加热或解冻就可享用的商品。

◉ 准备最后工序需要的材料，将其与商品组合销售。

◉ 如实告知顾客需要费一点工夫。

74 使顾客可在自家观看动画视频

例 ▶ **在网上发布动画视频** ▶ **将摄影的东西作为动画素材**

▶ **会员限定的即时转播服务**

Point ◉ 让顾客即使不到店或会场也可以享受到虚拟体验，为顾客准备可以边想象边享受的动画和视频。

◉ 将活动录像即时或稍后发送至顾客以便其可以在自家观看。

◉ 制作大量含有场景和评论的写真集和视频，选择会员赠送。

20 通过产品使用前和使用后的效果来体现差别

商品本身并没有那么大的差距，真正的差距是在商品提供前、提供时以及商品使用后顾客享受到的服务附加值。如果商品的附加服务能使顾客感到愉悦，让他感受到本商品和其他商品的不同，那么本商品就可以顺利售出。

75 在商品提供前增加其价值

例 ▶ 事前与顾客商量

▶ 与顾客洽谈并给予专业性意见

▶ 事前为顾客准备所有需要的东西

Point ◉ 制造机会为初次考虑购买商品的人免费提供意见。

◉ 为防止顾客选择错误商品,提供最优组合方案,并就商品本身给予意见。

◉ 在顾客购买前,向其说明所有必要事项。

76 在商品提供后增加其价值

例 ▶ 免费提供定期检查、保养服务

▶ 保证数年后的购买金额不变

▶ 保证提供无偿修理服务

Point ◉ 考虑在顾客购买后能否定期提供必要的服务。

◉ 在顾客购买后快速提供必要的服务。

◉ 考虑在顾客购买数年后仍提供必要的服务(顾客希望的服务)。

77 在商品提供前后都增加其价值

例 ▶ 提供"放心地全交给我们"的服务

▶ 提供事前准备和售后跟踪全套服务

▶ 提供不用产品和商品收取服务

Point ◉ 提供顾客购买前后都看得见的、无微不至的关怀。

◉ 尝试提供顾客购买前后必要的服务。

◉ 想方设法让顾客信赖我们。

感受价值

目标

注意

刺激欲求

信息

目的性的行为

持续的满足感

21 将商品拟人化

若是商品能带给顾客切身的亲近感,那么顾客则会更容易接受它。人们对于未知的事物和难以理解的事物原本不会有亲近感,但可以通过角色化、插图化或是取绰号来将产品拟人化,从而让顾客对商品产生亲近感。通过拟人化的手段,即使只是让顾客感受到一点点贴近自身,也会让他们产生亲近感。

78 将商品拟人化、立体化

例 ▶将乏味的部件和道具整体化　▶做成手的形状

　▶做成人的形状　▶做成可以看见人脸的模样

Point ◉考虑能否将产品的外观人形化(足状、手状)。

◉考虑能否给商品加上眼或是口,让商品看起来像人脸一样。

◉考虑能否给商品加上"手""足"变成人形(动物形)。

79 将宣传工具拟人化

例 ▶做成人形的菜单(产品目录)　▶将信息卡剪裁成人形

　▶放置人形的坐席卡

Point ◉考虑将菜单或产品目录剪裁成人形是否会更有趣。

◉考虑将信息卡剪裁成人形是否会更有趣。

◉考虑将柜台上放置的工具做成人形或手形是否会增加亲近感。

80 称呼商品为"○○君"或"小○○",以此带来亲近感

例 ▶介绍商品时将复杂的材料名称或原料名称称为"小○○"

　▶把希望顾客记住的词和名称叫作"○○君"

Point ◉考虑将原材料、成分、营养素等用类似漫画人物角色中的"小○○"来称呼是否会让解说更加简单明了。

◉将希望顾客记住的关键词和词语用"小○○""○○君"来称呼以带来亲近感。

81 通过漫画、插图将产品角色化

例▶ ▶为没有亲近感的产品赋予可爱的角色（插图）

▶让构造和形态更简单并且插图化

Point ◉考虑能否将难以产生亲近感的产品用漫画中的角色来置换。

◉考虑能否在顾客进入工厂参观时，将工厂的机械做成有眼、有口的机器人供顾客参观。

◉考虑插图化的产品是否增加宣传的亲近感。

22 将所有产品以"顾客视角"呈现

所谓顾客视角，就是要设身处地地体会顾客的感受。要将自己当成自己想要吸引的顾客，调动所有感官来体会想要传达给顾客的东西。然后，将想说的话和感受如实表达出来，并将表达中出现的言语和可视的影像用顾客视角展现。

82 用顾客同伴的口气来说服顾客

例▶ ▶让顾客听起来像第三方的表达

▶用顾客的对话、语言和文字

Point ◉用顾客说的话、模仿顾客说话的场景来进行对话。

◉将顾客的对话录音、录像，并灵活运用对话的内容。

◉有效利用顾客之间对话的场景（影像）。

83 有效利用顾客的自言自语

例 ▶将顾客无意间说出的自言自语做成吸引目光的广告词

▶从顾客的感想中挑选出自言自语复制使用

Point ◉收集顾客的自言自语，并从中挑选出可以作为吸引目光的广告词的话有效利用。

◉尝试将顾客的感想录音，并寻找其脱口而出的自言自语。

◉站在店门口顾客的身旁，悄悄收集顾客的自言自语。

84 在顾客的脑海中留下如相机拍摄般深刻的印象

例 ▶有效利用顾客脑海中的相机拍摄般的、酷似体验的"照片"

▶按照顾客的视线来拍照

Point ◉按顾客的视线固定相机的视角，并将拍摄的影像做成广告。

◉协助顾客评论员，有效利用小型摄像机拍摄到的影像。

◉拍摄从顾客视线看的静止画面和动态画面。

85 真正站在顾客的角度来看问题

例 ▶确认孩子视线的一瞥　▶将眼光的高度进行诸多改变

▶确认坐下来可以看到的风景

Point ◉站在和顾客同样的角度，用和顾客同样高度的眼光，即"顾客视角"来感受商品。

◉真正坐在顾客席，将从该视角所看到的所想到的不足写出来。

◉站在与顾客的相同立场来考验商品获取的难易度、可视度以及分量感。

86 将感情书写出来并有效利用

例 ▶ 设身处地,将顾客的感情用语言表达出来并作为广告词

　　▶ 将有感情的表达加入到商品和服务的内容中并告知顾客

Point ● 设身处地,即使一个小的想法也要作为心得表达出来。

　　● 将自己有感时脱口而出的自言自语作为随记记下来。

　　● 不仅仅是商品说明,还要加上感情表达做成解说文章。

23　最大限度利用"入口"和"出口"

　　初次和人见面时,会面的瞬间和分别之际的印象非常重要。同样,顾客在接触一样东西时,最初和最后感受到的冲击和印象,会给整体评价带来巨大影响。因此,在顾客感情的最初和最后——"入口"处和"出口"处,尽量多做考量。

87 在与顾客的初次接触上下足功夫

例 ▶ 将预约电话的对策定型　　▶ 准备应对问询的答复模板

　　▶ 在"入口"的迎接上下功夫

Point ● 尝试将初次和顾客接触的诀窍总结出来。

　　● 为了抓住初次接触的顾客的心提前做些准备工作。

　　● 检讨在店面入口和顾客会面的瞬间是否已尽心尽力。

88 注重与顾客最后的交流或问候

例 ▶ 在书信和邮件中用"附加部分"来加深顾客印象

　　▶ 通过与顾客最后的寒暄加深其印象

感受价值

目标

注意

刺激欲求

信息

目的性的行为

持续的满足感

Point ● 将与顾客交谈的最后部分的诀窍全部总结出来。

　　● 在最后的接触中,使用让人印象深刻的言语。

　　● 事先准备最后寒暄时能给人留下深刻印象的方法和言语。

89　为顾客品尝的第一口精心准备

例 ▶ **精心准备开胃菜(开胃酒),给顾客上最有自信的食物**

　　▶ **决定预约菜单最首位的商品**

Point ● 思考顾客的第一口食物,要让其印象深刻或有能让其感动的东西。

　　● 考虑能否将本店最有自信的商品置于菜单的最首位。

　　● 将顾客最先品尝的食物免费,并准备最好的,以给顾客留下深刻印象。

90　为顾客品尝的最后一口精心准备

例 ▶ **在最后准备菜单没有的全部甜点**

　　▶ **一定要精心准备推荐顾客品尝的食物**

Point ● 考虑能否在最后提供让人印象深刻且菜单没有的创新产品。

　　● 在最后免费提供一种精心准备的食物。

　　● 一定要在最后为顾客推荐一款产品,让顾客感觉这一天是不一样的、特别的。

24 有效利用平常不会使用的东西

有效利用平常不会使用的东西会给人意想不到的印象。如果这个想法正好符合顾客需求的话，那么这个新奇点子就会格外地抓住顾客的心。现在，先要了解不使用的东西到底有哪些，这些是否会催生出新的价值，要进行自由的想象。

91 有效利用屋前和店铺外的地方

例 ▶ 将屋前的桌子拼起来作为顾客席

▶ 在店铺外设置屋外顾客席

▶ 在屋前设置用餐后可休闲的咖啡角

Point ● 考虑店铺外侧和入口前能否成为有效利用的场所。

● 在店铺外设开放席，将其作为用餐后的咖啡角有效利用。

● 有效利用屋外的空间进行商品陈列，利用长廊等作为展示用空间。

92 将停车场和屋顶平台作为会场有效利用

例 ▶ 在停车场举办跳蚤市场和流动摊位等

▶ 作为屋顶菜园出租出去　▶ 置办供儿童游玩的玩具

Point ● 探讨停车场和屋顶是否是可使用的场所。

● 考虑能否在这些空地上举办顾客喜欢的活动。

● 为顾客提供无偿出借空地的服务。

93 有效利用空置大楼（租用地、房屋等）

例 ▶ 在空置的租用地，开办托儿所、英语口语学校、按摩馆等

▶ 每周更换的美食外卖店（蛋糕、炸丸子等）

Point ◉ 考虑能否利用空置房间作为活动地点和短期更新的店铺。

◉ 免去租赁费用，按照小商铺营业额的比例征收。

◉ 考虑能否对有人气的简便美食和点心铺招商。

94 有效利用广告单、名片内侧、信封内侧等

例 ▶ 在广告单的内侧登载顾客的好评

▶ 在名片的内侧附上个人的自我介绍

▶ 在信封的内侧登载生活小智慧和小信息等

Point ◉ 若是要作印刷品，设法最大限度利用空白。

◉ 在信封内侧、广告单内侧等地登载顾客感兴趣的季节小知识和顾客意见。

◉ 在空白处登载职员的信息和照片以及顾客参加的专柜活动介绍，以给顾客亲近感。

95 考虑利用常规营业之外的时间

例 ▶ 将营业时间外整租出去可作派对活动

▶ 在店内开展小型音乐会、画展等

▶ 举办习艺培训班（面包学习班、烹饪学习班等）

Point ◉ 将平常营业时间之外作为特别营业时间，并表示"会尽量满足顾客的要求"。

◉ 告知顾客可作为文化学校的培训班和展示空间出租。

◉ 将营业时间外的出租情况的费用表和样本费用简明地展示出来。

96 将店铺的窗子和外壁作为广告空间有效利用

例 ▶ 将店铺的优点用明了的大照片贴出来

▶ 作为其他行业的广告空间出租　　▶ 在窗户上贴上海报等信息

Point ● 探寻店铺外面是否有告示用的空间。

● 用木板和边框做成告示用的空间来吸引目光。

● 将到访顾客对于本店提供商品的优点的感想用大照片登载出来。

● 有效利用最新信息公示板。

97 将店内的备用物品作为广告用品有效利用

例 ▶ 在台阶和扶手处公布信息

▶ 在桌子上敷上写满信息的纸以代替垫子

Point ● 环视顾客身边的备用品和空间,考虑能否将其作为信息宣传空间。

● 考虑能否在纸质的桌垫和筷子袋上登载告示信息。

● 考虑有效利用等候空间和厕所墙壁。

98 将店内的背景音乐和广播作为广告版面有效利用

例 ▶ 通过店内广播告知顾客促销内容

▶ 将店名加入原创歌曲并作为背景音乐以增加顾客印象

▶ 通过店内广播告知顾客限时打折信息

Point ● 有效利用店内播放音乐和店内广播等宣传手段。

● 通过店内广播告知顾客活动指南、限时打折指南、新菜单指南、应季推荐等。

● 创作原创歌曲并播放,加入本店特色或店名以加深顾客印象。

99 有效利用面向公司职员的服务

例 ▶ 将伙食通过菜单提供

▶ 在公司外提供公司内的接客培训

▶ 向其他公司销售本公司的各种应用系统

感受价值

目标

注意

刺激欲求

信息

目的性的行为

持续的满足感

Point ◉将面向员工的活动全部记录下来。

◉考虑能否向员工提供其他公司和顾客认为有魅力的商品。

◉探讨作为管理部门和个人的工作,是否有价值产生。

100 通过专业人士举办演讲或研讨会

例 ▶主厨主持的○○烹饪培训班

▶员工主持的搭配技术谈论会

▶○○技术工人主持的技术演讲会

Point ◉考虑能否聘请有技术的员工作为专家开展演讲会和讨论会。

◉考虑在普通职工的技术中,有没有即使外行只需稍加练习即可掌握的技术。

◉考量在职工拥有的各技术中,可以称之为专家技术的是什么。

25 真的需要这件物品吗? 询问为何需要

"真的需要这件商品?""为何需要这件商品?"面对这些疑问,你能否给出确切的答案。如果能将答案向面前的顾客进行简单的说明,那么可以完全地展示该商品的魅力。想要将商品的魅力有效地展示出来,就要经常意识到这类问题。

101 以购买该物品的最佳理由说服顾客

例 ▶因为没有○○烦恼至今

▶我选择的理由正是○○

▶○○是您绝对需要的

Point ● 给予顾客十分需要此商品的所有理由。

● 在所给理由中,为何因为这个理由而想要购买商品。

● 将诸多有力的理由优先排序,并利用此排序来制作吸引人的广告词和商品说明。

102 向顾客展示有此物和无此物的最大差异

例 ▶ 没有○○的时候是××的,自从开始使用○○有了△△之感

▶ 将使用○○和不使用的情况相比较

Point ● 有了该商品,带来了怎样的幸福感。

● 没有该商品,是怎样的糟糕。

● 将有了该商品和没有两种情况的不同结合起来告知顾客。

103 向顾客展现若没有购买此物可能会后悔

例 ▶ 因为没有购买○○家里人尽是抱怨

▶ 因为没有○○生活变得很糟糕

Point ● 将没有该商品的糟糕场景如实记录下来。

● 将糟糕的场景通过影像展示出来。

● 尝试将糟糕的场景一言以概之。

● 将没有此商品的懊悔之情表达出来。

104 向顾客展现若有此物的喜悦之态

例 ▶ 有了○○实在是帮了大忙   ▶ 有○○实在是太好了

▶ 告知顾客以商品为中心的欢乐场景

Point ● 将有了此商品真正感受到的好处用小故事记录下来,并将其传递给顾客。

● 将有了此商品的幸福感通过录像表达出来。

● 在体现幸福感的录像中,将商品自然地融入其中。

感受价值

目标

注意

刺激欲求

信息

目的性的行为

持续的满足感

105 向顾客说明问题发生的最大概率和解决办法

例▶ ▶××（此商品）的○○％（百分比）顾客都烦恼着

▶展示避免今后发生问题的方法

Point●将问题发生的概率和遇到困难的概率作为重要数据有效利用。

●对于该问题或困难有多糟糕多烦恼，要充满感情地表达出来。

●引导顾客去了解解决办法，最后，展示可以轻而易举解决问题的此商品。

26 询问顾客是否方便维持现状

通常，顾客所需求的东西，必然是朝着更新、更方便、更能让人满足等方向变化的。对于同样的东西持续保持满足感并非易事。因此，要经常询问顾客现在需要些什么、对什么东西不满，然后结合答案，有意识地更新功能和追加附加功能。

106 开展"想要做某事"的问卷调查

例▶ ▶进行问询顾客愿望（有什么就更好了）的问卷调查

▶请顾客告知（写下）他们希望的服务

Point●创造能直接听到顾客需求、对本店的期望的机会。

●对顾客进行问卷调查，并邀请他们写下其所希望得到的服务。

●对回答问卷的顾客，赠送本店可使用的商品券等特惠。

107 开展"感到做某事不方便"的问卷调查

例 ▶ 对哪怕只有一点令人感到不便（没有××感到不便）的东西
进行问卷调查　▶ 此处不便的问卷调查

▶ 此处让人厌烦的问卷调查

Point ◉ 制造能听到顾客不便和不满情绪的机会。

◉ 设计调查不满情绪的问卷，按照顾客不满的回答次数赠予礼物。

◉ 发放关于不满情绪的调查问卷，希望顾客在来店的翌日给予回复。

108 增加能提供便利的产品

例 ▶ 引导顾客至"比您希望的还更○○"　▶ 设置新的○○

▶ 让顾客可以免费享受○○

Point ◉ 总结出顾客在现有商品基础上想要追加的商品功能有哪些。

◉ 问询顾客"既然有这个了，那更令人可喜的东西呢？"并尝试提供所联
想的服务。

◉ 引导顾客将真正所希望的作为所选择的商品。

109 将顾客的愿望全部列出来并找出对策

例 ▶ 将顾客的愿望记录下来　▶ 制作顾客所需的记录卡

▶ 听取顾客的愿望及相关的东西

Point ◉ 将顾客的愿望和与之交谈的内容全部记录在一个本子上。

◉ 从这个本子上找出能够满足顾客愿望的和不能够满足的，并讨论所
能够提供的服务。

◉ 准备能自由记录顾客愿望和与顾客交谈内容的卡片以及书桌等。

感受价值

目标

注意

刺激欲求

信息

目的性的行为

持续的满足感

Part 2

集中联系
目标顾客

找准顾客，寻找可以接触到他们的高效手段或方法。

  如果有想要卖给顾客的商品，那么要先和顾客接触。但是，说到接触，并不是谁都可以做好的。你接触的目的是要让顾客感受到你的商品的魅力（价值）。

  因此，你一定要瞄准可感受到你所提供商品魅力（价值）的顾客，尽量高效地用能用到的手段、方法来全力探寻目标顾客。

27　促使顾客带来新客源

　　你一定也有"这个商品不错,可以尝试一下"的这种推荐经验。对商品或服务满意的顾客,会向身边人介绍这个商品的优点。准确来说,如果想要增加客源,一定要让对商品满意的顾客向其朋友介绍商品的好处。

110 对介绍朋友前来的顾客给予特别优惠

例▶ ▶为介绍者赠送礼物

　　▶为介绍者和其朋友双方都赠送礼物

　　▶顾客介绍给别人的话即可免费

Point ◉在拜托顾客向别人介绍的同时,为介绍者准备谢礼或特惠。

　　◉一定要联系介绍者并给其写感谢信。

　　◉对于被介绍来的顾客,也要向其展示因介绍得到的谢礼和特惠,从而让其也向他人介绍。

　　◉展示介绍者到手的特惠的价值。

111 为顾客的朋友提供免费服务

例▶ ▶为顾客的同伴提供免费体验

　　▶2 人来店的话为同伴免费(2 人仅支付 1 人的费用)

　　▶友人免费票

Point ◉顾客若带朋友来店,朋友可享受免费(半价)。

　　◉介绍者 2 人来店的话可采取合计费用半价折扣等明了的特惠方式。

　　◉准备顾客同伴享受的特惠(免费)和介绍者享受的特惠。

112 为老顾客提供亲友旅行项目

例 ▶ 举办可招待 1 名家人以外的朋友的××之旅

▶ 答谢老顾客的○○之旅，亲近的朋友也可接待！

Point ● 为老顾客策划长时间旅行和当日往返的旅行，并且邀请其朋友也参加。

● 制造机会介绍可以和友人一起拥有快乐体验的旅行。

● 从老顾客中选出数位代表，以老主顾身份在参加者前面做评论。

113 促使顾客邀请朋友参加派对

例 ▶ 通过召开盛开的关联人派对（生日会）来进行招待

▶ 感谢顾客的仪式　▶ ○○周年活动

Point ● 举办盛大的派对，请老顾客邀请他们的亲朋好友。

● 举办纪念活动，邀请顾客的同伴，在顾客友人面前为顾客颁发感谢大奖。

● 每年按惯例举办活动，或者每年定期举办几次。

114 开展顾客与其朋友的交流会

例 ▶ 邀请顾客朋友参加相亲大会　▶ 赏花大会

▶ 烧烤大会　▶ 保龄球大会

Point ● 举办顾客之间可以相互交流的活动，请顾客邀请多位亲朋好友参加。

● 为互不熟识的顾客也举办热闹盛大的聚会活动。

● 制作能让活动中交流氛围浓烈的企划。

115 通过精美的介绍手册宣传

例 ▶ 征集"我想介绍给你"这类的介绍留言

▶ 将"有○○真幸运啊"作为题目征集散文（文章）

Point ◉ 请顾客撰写简单的介绍文章。

◉ 征集顾客撰写的温暖人心的介绍文和小故事并给予顾客奖赏。

◉ 征集使用此商品后的饱含幸福感的散文和小故事，并将其作为广告有效利用。

28 将潜在客源紧紧抓住

为了销售商品，仅仅是聚集很多人是不够的。聚集对商品感兴趣的、能感受到商品价值和魅力的、真正有可能成为顾客的人，才是最重要的。在人流中，为了关注潜在顾客，要事先做好准备和找到窍门，尽可能多地聚集潜在顾客。

116 将商品本身作为中奖奖品

例 ▶ 抽中即中○○ 1 箱（盒）

▶ 抽中则将○○ 1 年的量作为礼物

▶ 抽中即可中标准房

Point ◉ 将商品作为悬赏的奖品，以此来不断吸引想要得到它的人。

◉ 请入选者根据条件回答问卷，为未入选者准备鼓励他们购买的特惠。

◉ 将所有应征者当成重要的潜在客户看待。

117 将该商品的关联产品作为中奖奖品

例 ▶ 将可选择的○○作为抽中奖品

▶ 将豪华○○商品作为抽中奖品

▶ 将最适合○○的××作为抽中奖品

感受价值

目标

注意

刺激欲求

信息

目的性的行为

持续的满足感

Point ◉ 将有商品购买欲的人想要的东西作为悬赏以吸引潜在客户。

◉ 将与商品有关的必需附属品作为悬赏奖品的选择。

◉ 将购买商品的顾客下一步打算购买的人气商品作为悬赏的奖品。

118 针对顾客的烦恼召开讨论会

例 ▶ ○○对策专柜　▶ ○○烦恼一次解决　▶ ○○讨论会

▶ ○○职业咨询人提供○○烦恼的免费意见

Point ◉ 以解决潜在顾客烦恼的办法为主题召开讨论会或商谈会。

◉ 为聚集真正感兴趣的人并非免除参与费用,反而进行收费(可低价)。

◉ 举办其他的活动,设置与烦恼有关的免费意见柜台。

119 发布能提供有用信息的电子刊物

例 ▶ 提供对○○有用信息的电子杂志　▶ 为考虑购买○○的人

提供必要信息的电子杂志　▶ 周刊○○的新闻邮件

Point ◉ 不断给潜在顾客发送含有其感兴趣信息的电子杂志。

◉ 访问的读者可接收到更详细的信息,并将潜在客户分层纳入。

◉ 开设顾客参加的疑问角,对讨论话题和疑问及时给予解答,以博得顾客亲近感。

120 为顾客制造体验免费服务的机会

例 ▶ 进行初次体验的顾客可免费的宣传活动　▶ 初次限定○○

免费体验　▶ 仅限初次体验,可享受 1 小时免费服务

Point ◉ 对考虑购买商品的人提供该商品的免费体验服务。

◉ 制造免费体验商品或服务的机会。

◉ 对体验者减少购买障碍,给予特惠(折扣)。

121 将商品的一部分免费提供

例 ▶ 将○○整套维修作为礼品

▶ 将○○原著 1 册作为礼品

▶ 将摘要版的免费报告作为礼品

Point ◉宣传商品的一部分或零部件的价值及内容,并将其作为礼品赠予顾客。

◉作为礼品的东西应是顾客已经到手一部分且想要继续收集的东西,并且能让顾客真正感受到品质。

◉将顾客想要商品的这种体验感想与购买时的特惠结合起来作为礼物。

122 为顾客赠送有价值的选择

例 ▶ 将纯正○○作为礼物

▶ 将配合屋子定做的家具作为礼物

▶ 提供全部饮品随意享用的免费服务

Point ◉策划将顾客渴望已久的东西作为礼物的活动或悬赏。

◉奖品是从顾客调查中抽取的高频率的商品,举办销售大会。

◉将顾客想要的东西作为奖品,举办可应征的悬赏活动。

29 与确定的目标群体反复接触

　　虽说"多打必中",但是在现实中不确定目标,多次射击也并不一定正中靶心。说到促销的话,所谓"多打必中"是指"精准地瞄准目标,发起多次攻击"就会击中。因此,为了更有效地销售,缩小并瞄准顾客的条件,确定目标,反复采取措施。

感受价值

目标

注意

刺激欲求

信息

目的性的行为

持续的满足感

123　将目标顾客群具体化以增加接触机会

例 ▶ **画出目标画像**

　　▶ **将家中生活的具体影像描绘出来**

　　▶ **将家族构成和朋友画像描绘出来**

Point ● 将理想的顾客画像具体化影像化,看不见的部分也通过想象表现出来。

　　● 将成为目标顾客的生活场景和自家内的样子进行写实的想象。

　　● 调查顾客的信息来源和行动路线。

　　● 探寻目标顾客多次光顾的场所。

124　向特定的人群提供商品和服务

例 ▶ **○○专用商品**　▶ **专为○○的人所设计的商品**

　　▶ **专为○○女性设计的××**

　　▶ **专为忧虑○○的 30 岁男性设计的××**

Point ● 将○○专用作为切入口,无论如何尝试让顾客想象商品的内容。

　　● 通过 2 个以上条件来缩小目标,尝试寻求顾客想要的商品。

　　● 使用有年龄层的烦恼的表达方式来缩小范围,从而寻求符合他们条件的商品。

125　反复调查顾客的反应

例 ▶ **通过广告单、报纸、杂志等,为了了解情况不论哪个媒体的反应都要做上标记**　▶ **询问是对什么的反应**

Point ● 为分析目标顾客对什么商品有反应提前准备工具(标注记号等)。

　　● 不论购买者是从怎样的广告和信息了解到本商品的都要认真听取。

　　● 记录申请时顾客的反应。

126 随时机变化反复调整策略

例▶ ▶早、中、晚、深夜　▶季节　▶○○是应季时节

　　▶○○的季节　▶○○的第几天　▶○周后

　　▶○个月后　▶○年后

Point ◉缩小目标以后,要随时机和商品形态的变化多次调整对策。

　　◉将定期探讨策略和不定期探讨策略相结合。

　　◉将纪念日和活动等作为策略的切入口。

127 若目标客户表现出需要的姿态则上前详细解说

例▶ ▶让对自己身材不自信的女性感受到苗条的自己

　　▶让必须会英语的商务人士认为用英语交涉也变得轻松愉悦起来

Point ◉明确意识到商品的概念。

　　◉将商品概念作为广告词使用。

　　◉重新审视符合概念的各个详细信息。

　　◉符合概念,明确员工的意思和方向,尽量看向同一方向。

128 询问"想做但是做不到"的顾客的需求

例▶ ▶有"想做但是做不到"这种想法的顾客对你来说是好消息

　　▶忙于育儿想去做美容但是去不了的人

Point ◉要有这世上有很多人"想做但是做不到"的意识。

　　◉用优点来说服那些想做但是做不到的人。

　　◉调查为何想做但做不到,设法排除其障碍。

感受价值　目标　注意　刺激欲求　信息　目的性的行为　持续的满足感

30 尽量对顾客保持 24 小时的随叫随到

顾客的生活节奏是多种多样的,常常需要 24 小时持续在线。也就是说,在顾客喜欢的时间,无论何时,都有必要让顾客直接了解信息。顾客能否在任何时候了解到想要的信息,是否存在了解不到信息的时候,24 小时随叫随到服务是否有必要,要经常询问这些问题。

129 通过录音来对顾客提问进行自动回答

例 ▶ 外出不在时对问询内容电话自动回答

▶ 针对问询内容的几种方式自动进行再回答

Point ● 即使是深夜为了应对来自顾客的问询可提供多种录音信息进行应答。
● 针对问询内容改变电话号码,通过拨号就可直接根据顾客的疑问内容达到顾客问询目的。
● 根据问询内容改变电话号码。

130 通过邮件对顾客自动回复

例 ▶ 准备多个邮件地址通过自动回信来回复顾客

▶ 针对问询内容来设置邮件地址的使用指南

Point ● 根据问询内容准备多个邮箱地址,在自动回信时进行简单答复的同时,还要让顾客获取到邮件地址。
● 制作记录来自邮件的问题的文件夹,将需要顾客的信息记录下来。
● 让顾客了解邮件杂志等的登录。

131 通过动画完成一系列的消息回复

例 ▶ 结合问题模型制作多种动画

▶ 将疑问最多的地方通过动画进行解答回复

Point ● 解答顾客疑问最多之处，并将回复做成录像上传到网络上。

● 开设针对顾客疑问的解答角。

● 将顾客疑问最多的解答制作成动画在网络上播放。

132 形成 24 小时的电话、邮件受理服务

例 ▶ 通过换班制度实现 24 小时接待

▶ 将深夜受理服务委托给其他公司

▶ 将问询邮件转发给数人进行处理

Point ● 将营业时间以外的问询有多少进行计数。

● 将营业时间以外的问询通过电话转接、邮件转发来处理。

● 将营业时间以外的处理业务通过轮班制度实现 24 小时及时处理。

31 通过多种方式展示发送给顾客的信息

即使准备了想要对顾客传达的信息，但如果顾客没有接收到的话是没有任何意义的。我们需要为顾客制造多种更简单的接收到信息的方法和手段。需要尽量多的制造顾客可以接触到信息的暗示以及接收的线索、方法等。

133 制作简单的概略地图和详细地图

例 ▶ 登载区域地图和周边扩大地图两种

▶ 将附近的车站等记号加入地图

▶ 说明从车站出来后的走法的解说地图

感受价值

目标

注意

刺激欲求

信息

目的性的行为

持续的满足感

Point ● 将附近有的易懂的记号和纪念碑等记录下来。

● 将大致的场所做成易懂的地图和将周边详细情况及停车场等做成易懂的地图两种。

● 将从最近的车站徒步走来的时间和距离记录下来。

● 对从车站到此地的走法进行解说。

134 准确记载邮编和住址

例 ▶ 记载邮政编号、住所、最近车站、附近有名的设施名、附近有名的饭店、附近的便利店等

Point ● 将邮政编号和住所等,详细地记载下来。

● 如果附近有有名的设施等,即可用"○○附近"来记载。

● 记载附近的便利店、超市、家庭餐馆的名字,如"附近有○○""右斜前方是○○"。

135 登载电话号码:收费电话和免费电话

例 ▶ 登载 IP(网络通信)电话号码　▶ 登载收费电话和免费电话的电话号码　▶ 登载 24 小时可回应的手机号码

Point ● 将 IP(网络通信)电话等收费减少或免费的情况登载下来。

● 记载○○的免费电话的电话号码。

● 记载 24 小时不论何时都可受理的电话号码。

● 用"营业时间以外请拨打这个电话"来将顾客引导至手机服务。

136 记载传真接收号码

例 ▶ 记载(免费通信)传真号码　▶ 根据内容准备数个传真号码

Point ● 记载传真号码并告知顾客"营业时间以外有任何疑问请随时发送传真"。

● 传真问询用的表格可从网上下载。

● 将订购用的传真号码和问询用的传真号码区分开来。

137 记载网址和资源定位地址

例 ▶ 登载网址首页的资源地址

▶ 将经常出现的问题和答案（Q&A）的资源地址登载出来

Point ◉ 在广告单上记录网页和面向手机网页的资源地址。

◉ 将问询专用纸和 Q&A 用纸直接登载在资源地址上。

◉ 将商品说明页和动画的说明页登载在资源地址上。

138 记载二维条形码等

例 ▶ 让顾客可以通过手机的条形码阅读器进行读取

▶ 不论几个主页让顾客都可以直接访问

Point ◉ 将商品说明直接与二维码结合起来进行印刷。

◉ 若是想让顾客阅读到详细信息，则将二维码登载在各种网页上。

◉ 为了解说详细地图，在地图旁边登载含有网上解说页面的二维码。

139 介绍附近举办的有人气的活动

例 ▶ 介绍在店铺附近举办活动的信息

▶ 结合附近活动计划服务和商品

Point ◉ 介绍附近举办的仪式或活动等，并将其与顾客联系起来从而让顾客记住。

◉ 假设顾客因为活动到了附近，给顾客介绍活动。

◉ 结合附近举办的活动开办宣传活动、制作商品并发送广告单。

140 用易于检索的"关键字"表示

例 ▶ "啊！用'○○○○'检索"

▶ 在检索窗口登载输入关键词就会出现的画面

Point ◉ 将检索会必然出现的简短关键词进行介绍。

◉ 刊登对检索窗口的录像，并将其中顾客想要检索的关键词输入。

◉ 当检索仍没有出现时，引导顾客用两个关键词组合进行检索。

感受价值

目标

注意

刺激欲求

信息

目的性的行为

持续的满足感

141 记载常用交流和问询的邮箱地址

例▶ ▶设置交谈、问询专用的邮件文件夹并将疑问内容简单记录下来

▶问询专用的邮箱地址

Point● 将交谈和疑问内容通过可选择条目分类到邮件文件夹中,实现简便输入。

● 使问询专用邮件地址能更简单地输入。

32 与顾客进行反复多次的接触

你曾经也一定对数次遇到的人记忆犹新吧。如果不再见面,就会渐渐忘记,随着日子流逝而完全忘记,也并没有什么特别的理由,大概只是因为不再想起了。这对于信息也完全适用。因此,要想你自己(的商品)不被遗忘,就要定期地、经常地、持续地接触顾客。

142 发布邮件新闻(杂志)

例▶ ▶月刊(周刊)的邮件新闻(杂志)

▶将定期杂志与不定期的○○邮件通信结合配送

Point● 要发布邮件新闻,在举办活动时或平时都进行不定期的发送信息。

● 增加推销信息,制造与顾客的交流角和意见角。

● 定期利用顾客编号举行礼物策划活动。

143 定期进行信息配送(广告专送)服务

例▶ ▶通过明信片进行定期送信　　▶根据季节送信

▶定期送信和○○请帖

Point ◉把信件广告做成明信片、信封等样式并通过内容和策划分类。

◉以定期地进行间隔性接触为目的来策划并发送信件广告。

◉仅让接受信件广告的人收到广告,并准备到店特惠。

144 定期赠送信息杂志

例▶信息杂志"○○通讯×月号"　▶顾客信件

▶收集顾客想要获得的信息的○○新闻　▶○○信息邮寄

Point ◉制作介绍顾客欲了解的信息和老顾客心声的信息杂志并进行定期配送。

◉加入与商品关联的信息和新的提案等。

◉设置读者参与型的专柜和来自读者的通知角,从而将顾客的信息通知进行利用。

◉登载来自顾客的照片和书信。

145 定期拨打问候电话

例▶问候"商品的状况还好吗?"的电话

▶问候"有没有什么不妥当的?"的电话

▶○○展销会的通知电话　▶○○的纪念电话

Point ◉将定期进行电话问候作为制度编入。

◉将广告信件问候和电话问候相结合。

◉顾客生日和纪念活动时给其打电话,送去祝福的问候。

◉决定给每位顾客打电话的周期。

146 定期访问

例▶每隔 1(3)个月访问　▶每隔半(1)年访问

▶每个区域定期访问　▶○○纪念日访问

▶根据季节变化访问　▶○○的问候

感受价值　目标　注意　刺激欲求　信息　目的性的行为　持续的满足感

Point ● 考虑使用定期保养等理由来使定期访问变得更容易。

● 通过纪念日送礼物等来达到定期访问的目的。

● 通过年末年初、节假日、季节变化等时机联系顾客来达到定期访问的目的。

147 免费进行定期检查(清洁)服务

例 ▶ 每隔几个月的免费清扫服务

▶ 6 个月后的免费检查服务

▶ 1(3)年后的免费维修(保养)服务

Point ● 通过顾客定期到店就提供免费服务来制造接触的机会。

● 提供免费修补服务、免费检查服务、免费清洁服务等顾客视角定期需要的免费服务。

148 在日用品上注上店名后做成礼物

例 ▶ 将家人照片放入刻有店名的相框作为礼物

▶ 加入店名的日历

▶ 加入店名的挂钟

▶ 加入店名的笔记本

Point ● 在顾客日常生活中身边的东西和经常使用的东西上加入店名并作为礼物赠予顾客。

● 在日历和经常看到的东西上加上店名并写下电话号码作为礼物。

● 在厨房和浴室等顾客会长时间待的场所内放置的物品上加入店名作为礼物。

33　在多种场合称呼顾客的名字

　　除了排队等候以外的情况，自己的名字并不会经常被叫到。相反，在以一流的接待方式引以为豪的场所，所有的场景都是称呼顾客姓名，漂亮地接待。不论是在什么场面，顾客总会因自己名字被叫到而产生特别印象，产生被重视的感觉。因此请在多个场景称呼顾客的名字。

149　**在交谈中反复提及顾客的名字**

例 ▶ **在提供服务时称呼顾客姓名**

　　▶ **在洽谈中加入顾客的姓名**

　　▶ **隔着电话称呼顾客姓名**

Point ● 在与顾客接触的任何时机，用心将顾客的姓名加入到对话中。

　　● 在洽谈的最初和最后一定要加入顾客姓名以留下好印象。

　　● 即使是电话中，也要在对话中加入顾客姓名。

150　**在书信等文体中加入顾客的名字**

例 ▶ **在书信和邮件中加入顾客姓名的称呼**

　　▶ **在文末和附件部分再次加入顾客姓名的称呼**

Point ● 在写给顾客的信和明信片文中，加入顾客的姓名。

　　● 最开头的问候语和最后的结语和附件部分称呼顾客姓名。

　　● 在使用印刷版的明信片时，也要手写顾客姓名和问候语。

感受价值　目标　注意　刺激欲求　信息　目的性的行为　持续的满足感

151 **记下在座或在场的顾客的名字**

例 ▶ **在入口处设置今日顾客的姓名板**

▶ **在席牌(房牌)上写上顾客姓名**　▶ **在菜单卡上写上顾客姓名**

Point ● 在顾客目之所及的地方,书写欢迎词和顾客姓名。

● 制作当日写有顾客姓名的报纸或纸板等。

● 考虑能否在顾客的手边放置写有顾客姓名的东西。

34 展示出关心顾客的态度

　　顾客总是希望被重视、被关心的,从经营者角度来说,应对顾客的事十分在乎。但是,事实上这样的在乎很多情况下都没能传达给顾客。因此,要将对顾客的关心以简单明了的形式和态度展现出来。

152 **定期问候顾客**

例 ▶ **为顾客斟茶倒水**

▶ **在顾客等候期间提供"临时的一小碟(一小样)"的服务**

▶ **一句简短的问候**

Point ● 将惦念顾客这件事说出来传达给顾客。

● 为等候中的顾客提供简单的服务(一杯水、一碗茶、一碟小菜等)。

● 制造能检查有没有定期问候顾客的工具。

153 **用有创新的别致菜单做向导**

例 ▶ **只有特别场合才会拿出的创新菜单**

▶ **只对特别的顾客介绍数量有限的推荐○○**

Point ◉ 通过特别的菜单和一碟小菜来进行"特别向导"。

◉ 制作只针对特别顾客的菜单。

◉ 将菜单分为三个阶段,如果顾客满意再进行下一阶段。

◉ 准备一项特别服务作为礼物。

35　在有揽客力的地方开店

如果没有特殊的吸引力的话,靠自己的店铺单独吸引顾客往往会很困难。若是想要不花费成本和劳力而又尽可能多地吸引顾客,可以考虑在有揽客能力的地方或是其附近开店,或者利用接近往来通道和移动路线等有揽客能力的设施吸引来客。

154　在公共设施等人流密集的街上开店

例 ▶在自动扶梯前特设卖场　　▶在升降电梯前特设卖场

▶在饮食区内特设卖场　　▶沿着道路特设卖场

Point ◉ 探寻将可有效利用的、有揽客力的设施中的道路作为促销空间。

◉ 探寻是否有可有效利用的、顾客滞留的升降梯等场所作为卖场。

◉ 制造方便移动的通道的同时,也可考虑在其两边制造卖场。

155　向其他行业有揽客力的公司（店铺）租用房间

例 ▶在其他种类的商店开设临时卖场

▶在有人气的公司开设卖场

▶在通行量大的车站和地下通道开设卖场

感受价值

目标

注意

刺激欲求

信息

目的性的行为

持续的满足感

Point ◉ 探讨能否借用顾客觉得很相似或是相同的店。

◉ 考虑能否借用对目标顾客群有揽客力的其他行业的设施。

◉ 不考虑行业种类,考虑能否在大公司的办公室或是事务所中做促销。

---

156 在有揽客力的竞争店铺旁边开店

例 ▶ 在同行中有揽客力的店铺旁边开店

▶ 在商品种类多的店铺旁边开专门性高的店

Point ◉ 探讨能否在有人气的竞争对手的周围开店。

◉ 为了不和品种齐全的有人气的竞争对手店重复,考虑能否将类似商品作为一个选择以博得顾客喜爱。

◉ 为了和竞争对手店体现出差别,考虑能否采用专业性更高的优质产品。

---

36 请求与有优势的其他公司合作

在你的周围,应该有顾客群相似的其他行业存在。其中,在接受你提供的服务之前和之后,如果有顾客要利用的其他服务,就要特地和这些行业的公司达成合作关系。在互相介绍竞争对手公司的服务时,要共享顾客资源,也为顾客准备一些特惠,从而吸引顾客。

---

157 与他人(公司)合力促销

例 ▶ 制作每个季节共同的广告传单和商品目录等促销工具

▶ 以共同的购买者为对象举办宣传活动

Point ◉ 与顾客群(目标)相同或相似的其他公司共同制作广告传单和商品目录,共同分担费用并给对方的顾客配发。

◉ 如果顾客要买 A 可将 B 降价至○○元,以促进共同的促销。

◉ 探讨将 A 和 B 作为套餐卖的话更加便宜的促销方式。

158 赞助共同促销的商品或服务

例 ▶ 通过商品和服务共同赞助彼此的活动

▶ 将宣传活动的奖品作为商品赞助进行广告宣传

Point ◉ 将可以共同促销的公司商品作为活动或宣传活动的奖品进行赞助;另外,共同合作策划商品的说明和宣传的代理活动。

◉ 赞助活动等先到者的礼物、抽签会等的抽样商品(试用品)。

159 在共同的广告中介绍对方商品

例 ▶ 把其他公司的商品交错插入商品介绍的照片中

▶ 将双方商品做成套餐,作为推荐商品来介绍给顾客

Point ◉ 考虑能否将合作公司的商品自然融入彼此的商品目录和生活场景、使用场景的录像中。

◉ 在商品说明和促销的场景,推荐彼此公司的商品。

◉ 交换关于彼此商品的详细信息。

160 有效利用在合作中给对方带来的好印象

例 ▶ 有效利用其他公司的角色　▶ 有效利用其他公司的品牌影响

▶ 有效利用其他公司商品的演出活动等

Point ◉ 探讨能否借用品牌影响好的合作公司的商品和徽标作为商品录像和演出工具进行使用。

◉ 在店门口的陈列和演出中有效利用合作公司的商品。

◉ 在促销录像中,加入合作公司的商品和徽标、说明合作关系,以吸引顾客。

感受价值

目标

注意

刺激欲求

信息

目的性的行为

持续的满足感

37　靠近想购买或可能购买商品的群体

在你非常想要某件商品的一瞬间,如果在你的附近刚好可以买到它,你肯定会买吧?! 换言之,在想购买某东西的人的附近,制造随时都可以为他提供购买的机会,从而让你的商品可以轻易地卖出去。所以,请在想购买商品的人附近,制造任何时候都可以买到的情况。

161　在目标顾客多的公共设施附近开店

例 ▶面向单独住户的服务型企业可在住宅地的一角开店

▶在新兴住宅区开店　　▶在换工作一族多的地方开店

Point ●考虑能否在潜在客户(目标客户)大量聚集的地方和地区开店。

●调查当地的地方性质和生活模式等,探讨是否有和当前顾客群相似的地方。

●分析使用者(顾客们)大多居住在哪个地区。

162　在目标顾客多的场所公开销售

例 ▶在节日和活动时进行临时演出　　▶移动型促销车

▶在集会场地等开临时店铺　　▶进行派对型促销

Point ●如果可以在潜在客户(目标客户)大量聚集的地方举办活动或集会,探讨能否出差到该地进行促销活动。

●制作店铺以外的移动促销车和活动车等工具,以便任何时候都可以应对。

●策划活动等,在店外聚集潜在客户,并去该地出差进行促销。

163　通过互联网、手机网站等进行邮购服务

例 ▶开设邮购网站　　▶开设针对手机的邮购网站

▶针对邮购的已细化的商品广告传单(商品目录)

Point ◉ 现今的商品也好,或是一部分商品也好,探讨能否通过邮购进行促销。

◉ 制作面向个人计算机、手机的邮购网页。

◉ 利用可邮购来吸引顾客,将商品有关的详细信息进行简明记载。

164 在潜在客源多的地方举办免费研讨会

例 ▶ 关于○○的免费研讨会

▶ 针对考虑○○的人的免费考核会

▶ ○○的高超辨别方法的讲座(讨论角)

Point ◉ 赞助潜在客户多的活动和集会,举办免费的研讨会和免费讨论会等。

◉ 为了召集潜在客户策划有趣的活动,并在其一角留出免费研讨会的空间。

◉ 举行像"去○○的话所有的烦恼都可以讨论"这样的聚集大量顾客的大规模免费研讨会。

165 完成多个销售网(销售渠道)

例 ▶ 自己公司的直营销售网

▶ 区域经销权的销售网

▶ 有效利用代理营业(销售)的销售组织

▶ 受理批发销售

Point ◉ 探讨能否制造为了销售本店商品的新的销售方式(组织)。

◉ 探讨代理销售、区域经销等众多方式的销售方法。

◉ 打探拥有相似顾客群体的其他公司的销售组织是否也进行了销售。

感受价值

目标

注意

刺激欲求

信息

目的性的行为

持续的满足感

Part 3

向顾客
传递关怀

为了让顾客
注意到情报
要发信息

　　即使顾客有了有用的情报,但也会有没注意到之处,或者是没有注意到情报本身的存在,又或者是没有处理好情报与自己的关系。

　　向顾客传达的信息,如果没有被顾客注意到,那就完全没有意义。因此,首先,要让顾客知道情报的存在。其次,为了将顾客的视线全部吸引到情报上,就要设法让情报更突出、更易看见。

　　接下来,因为情报对于顾客来说,有莫大的关系,存在着顾客该得到的价值,所以就要告知顾客必要的情报以引起顾客的注意。

38 为了更为自然地行动而进行设计

为了让顾客的购物行为更快捷、更方便,可设法让购物更顺畅、更集中。为了保证顾客的这种快速性,要从心理层面和物理层面出发,理解人类的欲求和本能,将"不麻烦,不别扭,快乐服务"作为卖场准则。

166 只关注想要传递的信息

例 ▶ 在墙壁上只刊登想要宣传的信息 ▶ 遮住额外的信息部分

▶ 只将想要宣传的信息上色

Point ◉ 将最想宣传之外的信息遮掉。

◉ 只将想要宣传的信息上色,让其呈现出和其他部分明显不同的颜色以更显眼。

◉ 将想要宣传的信息做成一句话的问候或是关键词来加深印象。

167 在展出的商品前制作禁止通行的设置

例 ▶ 放置道路阻挡物 ▶ 突然放出音乐 ▶ 加上简易的门

▶ 在地板上贴禁止通行的标志

Point ◉ 在想让顾客看到或读到的商品前以声音或光线等方式设置障碍物以禁止顾客前行。

◉ 在等候场所放置椅子,在正好进入视线的地方标上想要传递的信息。

◉ 用"停!""请止步!"等表达禁止通行,让顾客看见自己想要宣传的东西。

168 将欲展示商品设置在顾客常接触的场所

例 ▶ 在手易于触及的地方制作架子来放置商品

▶ 将想让顾客接触的商品全部集中放在一个地方

▶ 书写标语"请试试用手去取"

Point ● 考虑哪里是手可以自然地容易取到的地方，将想让顾客取到手的东西置于此处。

● 在易于手取的地方设置格子或陈列空间。

● 将想让顾客取到手的东西用"请随意自取试用"的标语表示。

---

169 将真正想要传达的信息在顾客耳边轻声告知

例 ▶ 用耳语般的声音交流 　▶ 像私语般跟顾客说话

▶ 像私语般地写文章 　▶ 在重要的语句前停顿一下

Point ● 对于关键的重要的事，故意在顾客耳边耳语告知。

● 在说重要的事之前停顿一下，再稍微离顾客近一点。

● 告知顾客"不便大声说……"从而让顾客靠近一点。

---

170 将欲展示商品设置在休息场所

例 ▶ 在长椅或桌子旁边进行陈列或宣传

▶ 在休息场所设置录像播放器

Point ● 在店铺等地设置顾客休息场所，配置椅子，并且将从这里很容易看见的地方作为广告位。

● 在容易看见广告位的地方放置桌子和长椅等，从而使顾客能悠闲地观看。

---

171 制造舒适可驻足的氛围和场所

例 ▶ 制造不用担心别人眼光的场所

▶ 布置可以悠然自得休憩的场所 　▶ 设置可驻足的场所

Point ● 制造芳香、清凉、有舒缓音乐等可以尽情放松的空间。

● 制造能让人放轻松的、稍微宽敞的布局。

● 设置能让顾客稍微驻足思考的空间。

---

39 让顾客产生"我和大家一样啊"的安心感

不可思议的是,如果认为自己"和周围大家都一样呢",就会不由自主感到安心。这是因为为了避免失败,顾客往往会存在和周围的人选择同样物品的心理。灵活利用"和大家一样"这个关键词,让顾客安心,说服顾客,从而顺畅地引导他们往你想引导他们的方向和选择而去。

172 让顾客知道其烦恼是大多数人都有的

例 ▶ "○○的 95% 以上的人都正在受××困扰着"

▶ 很多人都就○○和我们讨论过

Point ◉ 展示顾客所拥有的烦恼和许多人相同的数据,让其安心的同时,也让其真实感受到这个烦恼是非常普遍发生的。

◉ 告知顾客拥有烦恼的人很多但解决烦恼的人也很多,引导顾客去了解解决办法的议案和说明。

◉ 结合表示数据和许多人的词汇进行表达。

173 向顾客提供诸多顾客所选的选择

例 ▶ "到店的○○%的顾客都会选择这个"

▶ "半数以上的顾客选择的是这个"

Point ◉ 将过半数顾客的选择项告知顾客,从而降低其选择障碍,让选择易于进行。

◉ 把实际业绩数据中超过半数的选择项选出来,并将这部分做成简单易懂的图表。

◉ 惊讶于众多顾客的选择的情况下,将其百分比和比例用智力问答的形式问出来。

40 向顾客传达舍弃竞争公司而选择本公司的理由

将原本是竞争对手的顾客,转换成为你公司的顾客也是可能的。虽然肯定是你公司拥有的魅力将其拉了过来,但真正的理由一定是"比竞争对手优秀的地方"。了解这个理由,将其变成武器(工具),从而获得更多顾客。

174 抓住顾客变换公司的理由

例 ▶我变换的理由是"因为○○"　▶"因为○○,成为这样"

▶"因为有了○○才变成××"

Point ●将顾客从某商品改换成另一商品的理由作为"理应改换的重要理由"。

●将顾客从其他商品换成本公司商品的理由,尝试通过问题或问卷收集起来。

●将变换理由通过"因为有○○才能成为这样"之类给人深刻印象的话灵活利用。

175 向顾客展示相比其他公司而选择本公司的三大理由

例 ▶选择○○的最重要 3 个理由　▶选择○○的理由排名

▶我为什么要变换为○○? 原因有 3 点

Point ●对从其他公司(商品)转换过来的顾客进行问卷或听取调查,将其选择本公司的理由排序做成表等展示在店门口。

●将变换(选择)理由精简成最重要的 3(10)个,通过"换成(选择)○○理由的前三名"等标语简洁明了地告知顾客。

●围绕变换(选择)理由,将产品优势简洁明了地概括出来。

41　首先聚集客户群

　　如果看到人群聚集,肯定会想"到底在干什么啊?"因此,为了有效展示店铺等的存在,可有意图地制造人群。首先,将此处有店铺的存在传达给顾客,同时,给顾客以很有人气的印象。有计划地制造人群,聚集目光,从而引起围观者的兴趣。

176　向先到的若干名顾客赠送限量礼物

例▶ **3 天内,对每天先到的 100 名顾客赠送原创××作为礼物**

　▶ **为 12 点开始先到的○○名顾客赠送一份自己喜欢的××**

Point ◉ 限定开放活动等的第一天开始的三天等日程按照先后顺序配发纪念品等。

　◉ 将时间分割成数段,每段都配发等候序号,从而设法把队伍分成数段。

　◉ 为了看见所排队伍何时间段开始服务,配发参加券和等候券等。

177　为先到的若干名顾客定制商品(服务)

例▶ **为先到的 20 名顾客准备限定"幻之○○"的特殊套餐**

　▶ **为每日先到的 100 名顾客准备限定的○○特别套餐**

Point ◉ 考虑能否用令人惊讶的便宜价格为先到者提供限定商品和服务。

　◉ 将豪华的特别套餐以普通套餐价提供给先到者。

　◉ 将想让顾客了解其味道和品质的食品以特别价提供给限定人数的先到者。

178　向朋友、熟人赠送限期限量的服务

例▶ **向熟客配发限期使用的半价服务券**

　▶ **向熟客配发限期使用的○○%折扣优惠券**

Point●向熟人、朋友、有关系的人和其家人配发限期的服务券,邀请其在开
放期间来店。

●顾客邀请朋友和熟人来店,之后通过返还其全部费用的机制使店铺爆满。

●调整缩短营业时间,以尽量集中顾客。

179 向先到顾客提供半价以下的惊喜价

例▶ ▶**3 天内仅限先到的 100 名,将○○以低于平常价格的半价提供**

▶**先到的 50 名可享受令人震惊的○○的 4 折价**

Point●限期内,以低于平常价格的半价提供服务给先到者,聚集这些顾客。

●活动期间,围绕菜单和项目提升效率。

●在将活动的理由明确传达给顾客的同时,将商品优势最大限度地传
达给顾客。

180 两人都买的话为其合计金额打折

例▶ ▶**2 人同行的话饮食费用为合计费用的半价组合折扣**

▶**组合参加的话,一位可享受当场半价**

Point●尽量考虑能否对组合前来的顾客提供优惠价格。

●考虑组合顾客优惠几折,提供 1 人免费、甜点免费、饮料免费等特惠。

●告知顾客"如果总归要来的话,一定要组合前来,才能获得优惠"的同
时,明确说明是怎样的优惠。

181 多人购买的话可算团体折扣

例▶ ▶**"3 人前来享受 7 折""5 人前来享受 5 折"等这类人数折扣活动**

▶**人数达到××赠送 1000 元的折扣券**

Point ◉ 顾客成组或是团体前来的话,可考虑增加更有优惠感的费用体系。

◉ 顾客人数增加的话,用简明的特惠内容条件将特惠是如何变化的表示出来。

42 使商品更易被顾客注意

煞费苦心的信息和语言,如果并没有如期地被人看到或理解,就等同不存在。如何将想要传达的东西和信息设置得在客观上更易被读取是很重要的。使信息更易看、更易读、更易领会、更易进入顾客视线、更新鲜等,尽量设法使顾客接受你想传达的信息。

182 使亮度更加明暗分明

例 ▶ 对于背景色和想让顾客读到的文字颜色设置色差以使其清楚分明

▶ 为了使想让顾客看见的东西更易被看见,进行照明以使其明亮起来

Point ◉ 对于想让顾客读的文章,设置背景色和文字颜色的明暗对比,以使文字更清晰可见。

◉ 在想让顾客读的文字周边照明等以使其更容易被看见。

◉ 加大想让顾客读的文字和文章的背景部分(空白部分)以使其更易被阅读。

183 将文字或符号等放大

例 ▶ 放大文字(标记、符号) ▶ 放大表示金额的字体

▶ 放大照片 ▶ 放大吸引顾客的东西

Point ◉ 尝试将想要传达或想要让顾客读到的部分内容尽量放大。

◉ 想要让文字或标记显眼,尽量只放大这部分内容或加粗文字。

◉ 只将想要传达的部分内容放大表示出来。

◉ 检查是否即使离得远一点也能清晰读取内容。

感受价值

目标

注意

刺激欲求

信息

目的性的行为

持续的满足感

184 使色彩、色调等更加鲜明

例 ▶ 设置显眼夺目的颜色 ▶ 设置该商品群中没有的颜色

▶ 设置基色系的颜色 ▶ 设置周围颜色暗于文字颜色

Point ◉ 从商品和文字以及背景的颜色是否更易于读取、是否显眼的角度入手进行检查。

◉ 从明亮的背景颜色和暗的文字颜色或是暗的背景色和明亮的文字颜色中选择之一。

◉ 尝试给现有的背景色上某种颜色做成彩纸。

185 将位置定在顾客更容易看见的位置（高度、部位）

例 ▶ 把面向孩子的商品置于低处 ▶ 面向男性的产品置于高处

▶ 在坐着的顾客容易看见的地方设置向导

Point ◉ 在每个潜在客户（目标客户）容易看见的地方设置感觉完全不一样的卖场。

◉ 在从客观角度看顾客目观的高度、手接触的范围内制造卖场。

◉ 不论是在网页、手机、个人计算机还是哪个地方看到，因为看到的方式完全不同，所以要追求更容易看到。

43 唤起顾客的感官

　　顾客只凭感觉的话是无法感知商品的。选择商品的时候，为了避免失败，要调动所有的感官来感受商品的价值。因此，你必须要设法引导顾客用感官来感受商品。现在就请开始检查有没有引导顾客调动感官吧。

186　有效利用顾客触摸到商品瞬间所说的话

例　▶这是什么？软软的！　　▶比想象中滑啊？

　　▶拿在手上感觉沉甸甸的　　▶退回去还有这般弹力啊！

Point　◉将触摸到的瞬间感觉到的材质、质感尝试说出口，并尝试就利用这样的表达。

　　◉将触摸到的感觉表示成习惯性说出口的表达。

　　◉让孩子和女性来触摸，问他们"摸到是怎样的感觉？"并且将他们说出的话有效利用。

187　全面地描述商品的形状和位置关系

例　▶上了很陡的斜坡，从那里往下看是○○的绝佳景色　　▶出了狭窄的巷子，打开古色古香的房门，就是另一个世界的○○

Point　◉并非平铺直叙的文章，而是像一幅画一样浮现在顾客面前，使用顾客能感受到立体感的表达。

　　◉加入能感受到进深、距离和立体感的表达。

　　◉试使用可以想象存在物的位置关系的表达。

　　◉详细描写东西的形状。

188　将认真听到的声音用语言表述出来

例　▶就好像枕边有河流一样的潺潺流水声

　　▶混合了咕嘟咕嘟声、蔬菜和鸡的有趣的声音？

Point　◉将实际在那里认真听到的话、所听到的声音用语言表达出来。

　　◉尝试使用表达声音的拟声词。

　　◉关注商品和服务相关的声音部分，有效利用所产生的价值。

189　关注香气和味道等要素并表现出来

例　▶甜美的○○味真想吸一口　　▶让人食欲大开的○○的气味

　　▶像刚洗完澡一样清爽的○○

Point ● 留心经常说出口的表示香味和气味的词语,并预先积累这些表达。
● 从商品拥有的价值中关注香味和气味的要素并将其作为新的价值表现出来。
● 尝试能否给现在的商品加上香味等,以产生新的价值。

190 将刚品尝到的瞬间感觉集中表现出来

例 ▶ **好像在舌头上一下子融化掉的○○**

▶ **含在嘴里的瞬间有种难以言表的奇妙感觉在口中扩散开来**

Point ● 试将含在嘴里的瞬间和放上舌头的瞬间等感受到的一瞬间的感觉用语言表达出来。
● 不用"好吃"这种表达而是用别的词语让顾客联想到好吃。
● 灵活利用"满嘴都是○○""嘴里变得○○了""舌头上变得○○了"等表达模板。

191 说明味道时增加鼻和舌的感觉描述

例 ▶ **像黏在舌头上的○○**　　▶ **辣得让鼻子都要掉了**

▶ **舌头辣乎乎的**　　▶ **想要再闻一闻这个香味**

Point ● 有意地将鼻子和舌头(嗅觉和味觉)组合起来表达。
● 形成"从舌头的感觉到鼻子的感觉,从鼻子的感觉到舌头的感觉"这样的模式。
● 尝试将感觉的余韵般的印象表达出来。
● 试将 2 种刺激的感觉组合表达出来。

192 将所见所感通过颜色表现出来

例 ▶ **耀眼的红色是○○**　　▶ **让眼睛感到舒服的绿色**

▶ **被晚霞染红的○○**　　▶ **有光泽的黑亮○○**

Point ● 在表达中加入颜色的要素。
● 使用让人印象深刻的颜色和有冲击性的颜色以表现出现实感从而给顾客留下深刻印象。
● 尝试故意在对话中加入颜色的要素。
● 检查文章时,探讨在哪里可以加入颜色要素,在哪里不可加入。

193 将高兴时所做的动作用语言表述出来

例 ▶ **不由自主的获胜手势××** ▶ **如果○○,情不自禁浮现出微笑**

▶ **太高兴了,不由自主想告诉别人**

Point ◉ 用"开心"和"高兴"这类直接表达意思的词语之外的,如"高兴时所做的动作"等来表达高兴的情绪。

◉ 注意并认真观察高兴时人的动作和接下来的行动。

◉ 将高兴时的表情变化用语言表达。

44 将顾客买入商品后所体会到的幸福感表述出来

　　顾客购买商品之后会不会后悔,是由购买后拥有幸福感的程度来决定的。反之,顾客对于购买后的幸福感的预料如何,也会影响他是否决定购买。因此,要将购买后的幸福影像和画面,更具体地送入顾客的脑海中。

194 让顾客观看因为有了此商品后变得更幸福的生活场景

例 ▶ **在饭桌、旅行、毕业典礼、结婚典礼、派对、自驾游、约会、运动、郊游等幸福场面的表现**

Point ◉ 让顾客观看商品自然融入幸福场景的录像。

◉ 将商品放置在吃饭时愉悦的餐桌上的场面。

◉ 将商品和谐地融入满是笑颜的录像中。

195 将顾客买入此商品后发生的典型的奇闻逸事展示出来

例 ▶ **由和该素材偶遇而考验合格的奇闻逸事**

▶ **自从有了礼物般的该商品,每天都是幸福的故事**

Point ◉ 将购买商品后发生的幸福的事像故事一般说出来。

◉ 收集顾客购买后经历的绝佳的小故事并有效利用。

◉ 把从辛劳和苦难开始到抓住幸福的过程用小故事表现出来。

196 让顾客观看其他顾客使用此商品后欢快愉悦的场景

例 ▶ 表情因为此商品而一瞬间改变的场景

▶ 有了此商品而喜笑颜开的场景

▶ 真实感受到效果而喜笑颜开的场景

Point ◉ 将使用商品前感到不满的表情变成因使用商品而喜笑颜开的场景表现出来。

◉ 让顾客观看因商品效果而联想的表情变化的录像。

◉ 结合商品和笑脸做成一个录像供顾客观赏。

◉ 将使用商品而产生的感情变化用语言表达的同时也通过表情体现出来。

197 将笑脸和商品组合起来加深顾客的印象

例 ▶ 拿着商品展开笑颜的场景

▶ 使用商品时候的表情是喜笑颜开的

▶ 将众多笑颜的照片做成录像使用

Point ◉ 将笑着拿着商品的场景和抱着商品笑的场景表现出来。

◉ 将笑着使用商品的场景和接到商品瞬间展开笑颜的场景表现出来。

◉ 将潜在顾客附近和许多人笑着使用商品联系起来体现。

45　向顾客提问以唤起顾客隐藏的感情

当一个人被问到意想不到的问题时，即使无意识地去想，也难以想出什么。当顾客像这样被提问到，就可以唤起其隐藏或忘却的感情，让其思考和你提供的商品有关联的一些问题。向顾客提问，从而唤起其隐藏的感情。

198　询问顾客"○○（那件事）您忘记了吗？"

例▶"○○的您，忘记××吗？"

▶"有○○这么一件事，你忘记了吗？"

▶"已经完成○○了吗？"

Point ◎ 将瞄准目标般的表达作为开场白，然后询问顾客"您忘记这件事了吗？"

◎ 使用"已经完成○○了吗？"这样的表达让顾客意识到明明做了更好，但还没做。

◎ 使用"○○的您"称呼面前的人的这种表达。

199　询问顾客"您不想成为○○那样吗？"

例▶"您不想被称为'像○○一样'吗？"　▶"您不想成为○○那样吗？"

▶"您不想被称赞'真○○'吗？"

Point ◎ 将顾客作为理想的样子描述并让其产生具体形象，然后询问顾客"您不想成为那样的理想的样子吗？"

◎ 将顾客想要被第三人看到的模样描述出来，然后询问顾客"您不想这样被看到吗？"

◎ 将理想的姿态更真实地表现出来。

200 询问顾客"○○(令人不安的事)您有感受到过吗?"

例▶ "您留意过○○吗?"

▶ "对于○○您感到过不安吗?"

▶ "您担心过○○吗？"

Point● 将存在的事实替换成不安要素询问顾客。

● 将无论对谁来说都是不安的要素提前告知顾客。

● 使用"在某要素不足的状态下,您担心吗?"这样的表达。

● 询问顾客"对于某事,您稍微留心过吗?"

201 询问顾客平常会产生的疑问

例▶ "为什么○○这样呢?"

▶ "演员为何○○样呢?"

▶ "○○样的人为什么会做××样的事呢?"

Point● 通过像问自己的心一样的表现,询问顾客的心。

● 围绕目标客户表达之后,对此人提出问题。

● 通过提出问题,让顾客自然地意识到这个问题的内容。

202 询问顾客未察觉到的东西

例▶ "您没注意到○○吗?"

▶ "您没感觉到○○吗?"

▶ "您没感觉到有一点○○吗?"

Point● 设法让顾客想起没在意的事物和有一点在意的事物。

● 拿出像日常看漏的小变化或小症状等,以引起顾客注意。

● 询问顾客"您真的没有留心过吗?""有没有稍微留意过呢?"

46 制作"手写体"的部分

目前,大家所看到的文字基本上都是经过机器排版的印刷体,虽然这更方便我们阅读,但若是整篇文章都如此毫无变化,就很难吸引人注意。因此,将真正想要传递的信息和语言用"手写"的形式以使其更加显眼。将想要突出的东西,如文字、签名、记号、标记等,使用手写体。

203 制作手写版的菜单或商品目录

例 ▶ 手写的当日菜单 ▶ 当日的推荐用手写制作

▶ 商品目录用手写制作

Point ◉ 考虑顾客看到的手写体表现的东西是什么样的东西。

◉ 通过手写体,增进人情味、亲近感、手艺感的氛围,从而探讨是否提升了其价值。

◉ 仅对每周更换、每日更换的菜单等使用手写体。

204 使用手写体署名或签字

例 ▶ 顾客的姓名使用手写体

▶ 问候的最后加入手写的签名

▶ 手写姓名的席卡

Point ◉ 将原本被印刷的部分也使用手写体的话会给人温暖的印象。

◉ 对于要给顾客的东西,加入手写的姓名。

◉ 对于印刷好的问候卡等,在最后填入手写的署名或签字。

205　使用手写体填写支票单以使其醒目

例 ▶ 在商品目录的文中使用手写体填入支票　▶ 填入手写的○

▶ 加入手写的印章

Point ● 在印刷的商品目录或广告传单上加上手写的印记(○印、校检标志、印章等)。

● 在印刷品中,将更显眼的部分用手写。

● 在已完成的印刷物上将手写要点加入进去,加入画线部分。

206　手写"这里是要点"的字样

例 ▶ 手写"这里很重要!"　▶ 手写"推荐此商品!"

▶ 书写"请阅读此处!"　▶ 书写"重点!"

Point ● 手写或是用手写风格的"这里很重要!""推荐此商品!""请阅读此处!"

● 通过手写表现"在这里○○(想要顾客做的事)"。

● 为了引起顾客注意,使用类似招呼顾客的语言。

● 为了引起顾客注意,将文字颜色做成显眼的红色或蓝色。

207　用写字笔画出下划线或加粗线

例 ▶ 红色的手画下划线　▶ 手画的粗线

▶ 手画的波浪线　▶ 用荧光笔画线

Point ● 用手写或是手写体风格,将文章中想要凸显的部分画上下划线或荧光标记线。

● 想要凸显的要点部分用彩色字体,就像是印刷后手写上去的一样。

● 用红色万能笔书写重要的东西。

208　用手写体"添上"想要传达的要点

例 ▶ 文章最后手写问候语　▶ 在空白部分用手写想要传达的要点

▶ 最后手写追加信息

Point ● 想要传达的要点和想要传达的内容在最后用手写体追加。

● 在文末记入"又及""补记"等词记录想要传达的话,从而加深印象。

● 要意识到文章的最后部分也是真正最为显眼的部分。

47 使用"想要这个商品的第一理由"这类抓人眼球的广告语

顾客想要该商品一定是有理由的。对于非常想要该商品的顾客,尝试倾听他的理由。为了简单易懂地传达该商品的价值和优点,所用的词汇和表达堆积如山。于是,要将想要该商品的理由作为抓人目光的广告语最大限度地灵活利用,从而把该商品的价值诉之于众。

209 将"想买此商品的第一理由"作为广告标题

例 ▶ "话虽如此,○○不一样啊"

▶ "如果想尽情享受○○的话就××"

▶ "因为○○的安心感完全不一样啊,所以××"

Point ● 将"您想要它的理由是什么呢?"这个问题的回答部分"话虽如此但还是因为○○啊"作为吸引目光的广告语有效利用。

● 询问自己和顾客的心,找到为何那么想要该商品的答案。

● 将听到这个理由的人的确接受了这个说法的案例表现出来。

210 有效利用顾客无意识说出的自言自语作为标题

例 ▶ "不会吧！这个○○"　▶ "这是什么,超级○○"

▶ "乱七八糟的○○啊！"　▶ "哇,超级○○"

▶ "呃,○○啊！"

Point ◉将拿到商品的瞬间情不自禁地自言自语作为吸引目光的广告语有效
利用。

◉将表达惊讶的词语和表达感情的词语结合使用。

◉认真倾听顾客情不自禁地自言自语,将其自然的语言作为吸引目光
的广告语灵活利用。

211 将理想状态表述出来并作为标题

例 ▶ **"想被称为○○美人"** ▶ **"想用英语流利地交流"**

▶ **"美丽的笑颜是○○"** ▶ **"苗条的腰围是○○"**

Point ◉使用语言将顾客拥有的理想姿态展现出来从而引起顾客兴趣。

◉用一句话表现理想的最终目标(形态),并将这个关键词作为吸引目
光的广告语提出来。

◉描述理想姿态的语言,应使用令人陶醉的、让人印象深刻的语言。

48 向顾客传递"新东西肯定是新奇的"

新奇的东西,往往容易激发起人的好奇心,从而不自主地去
关注它。对于新奇东西而言,"新"就是它特别的价值。因此,如
果有可称之为新的东西(要素)或新的部分,可光明正大地告知顾
客"这是新的"。

212 设置新商品、新发售产品的专柜

例 ▶ 新商品介绍专柜 ▶ 新发售专柜

▶ ○○的新作专柜 ▶ 贴"新商品"的标签

▶ 贴"新发售"的标语

Point ●将新产品、新商品、新发售的东西都集中在一个地方作为"新○○专柜"来告知顾客。

●制作"新发售""新商品"字样的标记和标语以使其更显眼。

●给商品贴上有"新!""新商品"标记的标签。

---

213 设置新上货、新到货产品的专柜

例 ▶已到货专柜　　▶新上货专柜　　▶新到货专柜

▶刚刚上货专柜　▶标记今日的上货　▶标记新到的货

Point ●将新到店的东西作为"新上货""新到商品"来凸显。

●将今日上货的商品,作为"今日到货"的一个价值来体现。

●聚集数个新上货的商品做成专柜。

---

214 设置刚生产出来的产品的专柜

例 ▶刚做好的专柜　▶贴上刚烧(烤)好的标记　▶贴上刚做好的标记　▶刚完成的专柜　▶做好○○的专柜(标记)

Point ●将刚做好、刚完成的东西都集中在一个地方作为"刚刚完成专柜"来表示。

●在陈列刚完成的商品时,一边说"这是刚完成的"一边陈列。

●在菜单等处也用"刚刚完成的○○"来凸显新完成的商品。

---

49 通过保持食材原样来表明它的新鲜

　　陈列的蔬菜沾有泥土,反而会让人觉得蔬菜很新鲜。将蔬菜洗净或做一些其他处理,都需要时间,因此,顾客会认为尚未沾手的蔬菜肯定是新鲜的。我们不仅仅是要传达给顾客新鲜,还要让他们看到蔬菜等食材加工前原始的样子。

感受价值　目标　注意　刺激欲求　信息　目的性的行为　持续的满足感

215 让顾客观看食材处理前整洁的状态

例 ▶把沾有泥土的原材料置于可见的地方　▶让顾客看食材洗净前的状态　▶让顾客观看刚刚收获时的录像（照片）

Point ◉让顾客想到，收获时的状态是怎样的呢？收获时还沾有什么东西呢？

◉考虑能否通过给顾客看收获时的状态作为新鲜度的证明。

◉将刚刚收获时的状态通过录像展示给顾客。

◉让顾客观看洗净处理前的状态。

216 让顾客观看蔬菜等食材处理前连茎带叶的状态

例 ▶给顾客看连茎带根的东西　▶给顾客看连着茎的原料

▶给顾客展示鱼等处理前的样子（整体样子）

Point ◉将一头○○、一匹○○等整体样子展示出来供顾客观看。

◉再现叶、茎等未处理的收获前的状态供顾客观看。

◉调查收获时是怎样的状态，再现那个状态供顾客观看。

217 让顾客观看发货时和配送时的外包装的样子

例 ▶让顾客观看配送时用的外包装箱子装着的原材料

▶将木箱或泡沫海绵外包装箱子等陈列起来

Point ◉将收获时装入箱子后的外包装箱子陈列出来。

◉将输送时使用的写有产地名的瓦楞纸盒、泡沫海绵等原样加入陈列。

◉将加入产地名等配送时使用的箱子在演出活动时有效利用。

218 将生产过程的影像或声音通过动画表现出来

例 ▶将生产者的采访发出动画通稿　▶生产者的声音播放出来

▶介绍生产者等的照片和轮廓画像

Point ◉ 为了让顾客感受到生产者的姿态，收集录像和采访、口信等进行展示。

◉ 通过动画播放生产者的录像。

◉ 展示生产者的轮廓画像，以此带来人情味和亲近感。

219 用方言或当地语言书写菜单或说明书

例 ▶ 使用方言的商品名（菜单名）　▶ 在介绍文中使用方言

▶ 在介绍文中用当地话或当地才有的语言进行介绍

Point ◉ 在菜单、商品名、介绍文章中加入当地方言以显示出地方特色。

◉ 介绍只有产地才有的小故事和佳话等。

◉ 介绍最近当地发生的事情等。

◉ 介绍作为产地一直辛劳的相关事情和为了制作出好的东西而费的工夫。

50 通过声音、光线等的强弱变化吸引顾客

许多信息和景色如果看起来模模糊糊的话，其中的变化和不协调部分就会不由自主地进入视线。因此，如果有想要顾客关注的地方，通过声音、光线等的强弱变化等方式让它和周围环境产生对比效果是很有必要的。不论是什么东西，都可通过制造出和周围环境的差异，从而让顾客的注意力集中到这一部分。

220 通过店内背景音乐等声音的突然消失来引起顾客注意

例 ▶ 突然关掉店内背景音乐传达想要告知顾客的事

▶ 突然改变店内背景音乐的节拍

▶ 突然打开快节奏的音乐

感受价值　目标　注意　刺激欲求　信息　目的性的行为　持续的满足感

Point ◉ 通过增加背景音乐等声音的变化从而集中顾客的注意力。

◉ 通过将声音逐渐关小、关掉来引起顾客注意,传达想要传递的信息。

◉ 通过突然改变音乐的节奏等变化来引起顾客注意。

221 将照明突然减弱并把光线打到一处

例 ▶ 制造全部黑暗的状态然后只给一处照亮

▶ 只取消一处的照明　▶ 只将一处的照明闪烁起来

Point ◉ 突然减弱照明,制造明亮的地方以此将顾客的目光都聚集在一处,再传递想要传递的信息。

◉ 为了让顾客感受到变化,在传递信息前留出一点时间。

◉ 考虑将照明变暗、闪烁、变亮等合适的方法。

222 将高度突出以引起注意

例 ▶ 制造高出的部分　▶ 只让一部分高出其他都放低

▶ 制造出高度变化　▶ 增加不规则的高度变化

Point ◉ 通过制造高度的强弱之差来将顾客的注意力集中到有变化的部分。

◉ 考虑能否使高度产生变化。

◉ 尝试在高度上制造不规则的部分。

◉ 尝试制造高度异常的部分。

223 让静止的物品动起来

例 ▶ 赋予展品(展示模特)动作(旋转)

▶ 让陈列(装饰)和标记(印记或标记)动起来

Point ◉ 考虑能否给平常不动的东西增加动作。

◉ 考虑能否给展品赋予摇动、旋转、上下动等动作。

◉ 考虑能否给标记和装饰赋予动作。

224 加入美术性(艺术性)的感觉

例▶ ▶使色彩丰富化(基色和绚丽的颜色)

▶加入戏剧性的表现(诗意的)　▶赋予有节奏感的表现

Point ◉通过变成平时不会考虑的色调,看能否体现出艺术感。

◉考虑能否制作关于此商品的、能抓住心灵的故事。

◉考虑能否在提供商品时增加节拍或音乐。

225 只给顾客看想让其看的东西

例▶ ▶将想要顾客看的以外的部分全部遮住

▶将周围变暗,只给想让顾客看的部分打光

▶使商品只能通过小穴看见

Point ◉考虑能否通过增加外壳等,只让顾客看见想要其看见的部分。

◉关掉周围的照明,只给想要顾客看见的地方打光。

◉遮住想要顾客看见的部分,通过小穴等穿过障碍物形式才能窥见商品。

感受价值　目标　注意　刺激欲求　信息　目的性的行为　持续的满足感

Part 4

刺激顾客的
购买欲

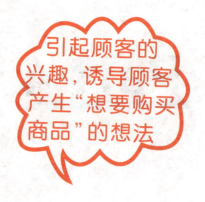

引起顾客的兴趣，诱导顾客产生"想要购买商品"的想法

　　顾客会购入商品，肯定是某些因素引起顾客对此商品的兴趣，从而刺激顾客购买的欲望。因此，如何引起顾客的兴趣是很重要的。

　　为了引起顾客的兴趣，首先要调查顾客对什么感兴趣。然后，在顾客有兴趣后，我们还要让顾客知道目前可购买商品的信息。

　　如果成功给顾客带来兴趣，就要朝下一步进发，刺激顾客产生拥有商品的欲望，并最后产生购买此商品的想法。

　　换言之，将商品拥有的魅力和价值更简明易懂地传达给顾客，同时也明确购买方法和价格、条件等。告知顾客"现在就可以购入如此棒的商品了"，从而诱导顾客产生更现实的购买欲望。

51 使顾客可以轻而易举地取到商品

顾客在购买之前一定会反复进行触摸、感受等之类确认的动作和行为。首先,要让顾客尝试把商品拿在手里。观察顾客的表情和拿到手上的实际感触,应该就可以了解顾客想要此商品的迫切程度。让顾客自由地接触商品,从而让其产生购买的想法。

226 将展示的样品放置在可以轻松接触到的位置

例 ▶ 陈列试用样品

▶ 准备可配发的样品

▶ 制作体验(体验用样品)专柜

Point ◉ 准备无论谁都可以随意触摸的样品,并将有样品这件事明确展示出来。

◉ 制造用于体验的样品专柜,并设在方便找到的地方。

◉ 准备放置可带走的样品的专柜。

227 使顾客可以接触到被包装在内的商品

例 ▶ 从包装箱可以看到里面的内容

▶ 准备从包装可以看到内部的样品

Point ◉ 因为包装完整,将内部接触不到的东西取出使其可接触。

◉ 为了能看见箱子内部而做成透明的包装箱。

◉ 准备可自由接触的样品,一定要将有可自由接触的样品这件事体现出来。

228 将制作中产品使用的原材料（素材）等展示给顾客

例 ▶将主体部分隐藏的机械部分（电动机）展示出来

▶将从外观（外侧）看不见的材料（原材料）展示出来

Point ●将通常看不见的内部材料和素材分解展示出来。

●为了让顾客了解内部构造和结构，可设置外侧透明。

●将使用的原材料、素材等本来的姿态展示出来供顾客观看。

52 想方设法刺激顾客的童心

孩童时代玩的快乐游戏，即使现在想起来，也记忆犹新。那时候的游戏是无比单纯的。即使成为大人，重拾童年的游戏也会感到快乐。因此，可以用"童心"来刺激顾客，准备非常单纯手法的简单游戏来引起顾客的兴趣。

229 举办某种竞争或比赛

例 ▶看谁吃得多（看谁吃得快）比赛　▶看谁大声的比赛　▶味觉比赛　▶鬼脸（笑脸）比赛　▶动听声音比赛　▶末尾猜字比赛

Point ●举办无论谁都可以参加的比赛形式的活动。

●让参加者的朋友和家人在可看见比赛的地方加油，从而让周围的人也能够享乐。

●为了制造临场感可准备特别的场地（舞台）。

●通过纸质媒体和网页将从征集参加者开始的经过宣传出去。

230 举办智力问答活动，猜谜大会

例 ▶○○智力问答　▶回答智力问答则○○　▶○○东西的尾部（狂热的）智力问答　▶正确解答智力问答的话当场○○

Point ◉ 准备无论谁都可以快速想到答案的智力问答、真正的智力问答、只有狂热粉丝才知道的智力问答等，以此来征集参加者。

◉ 集中会场内的顾客，通过不断胜出的情形使气氛高涨。

◉ 配备如果回答智力问答则会当场赠送的奖品。

231 举办某种自助活动

例 ▶ ○○自助抓取　▶ 自助放入○○口袋　▶ 尽情游玩○○

▶ 尽情食用○○　▶ 尽情（做）○○　▶ 一分钟内随意救援○○

Point ◉ 考虑能否在顾客参加的活动上提供随顾客喜好、不论多少都可以的趣味性。

◉ 考虑○○自助是否可以刺激顾客的竞争心和玩心。

◉ 使其他顾客也可以看见参加○○自助的人，从而刺激其参加。

232 举办抽签会

例 ▶ 抽奖活动　▶ 抽签大会　▶ 三角签

▶ 轮盘游戏　▶ 刮卡游戏　▶ 石头剪刀布比赛

Point ◉ 以参加者和到场者中购买了商品或服务的人为对象，举行有奖抽签大会。

◉ 准备吸引目光的奖品。知道没有签了，也为参加者准备小奖品。

◉ 为了使参与者能更好地观看抽签情景，要使抽签更简单、更透明。

233 设置某商品的体验专柜

例 ▶ ○○实体感受专柜　▶ 接触体验专柜

▶ 抛饵料体验专柜　▶ ○○疑似体验专柜

Point ◉ 在所提供的东西之中，如果有顾客想要触摸的东西，就提供可触摸的机会。

◉ 在生产工程和流程中，考虑实际接触的话是否会有更好的体验。

◉ 考虑能否提供接触或操作实际的机械和操作作业的机会。

234 举办"寻找某商品或体验"的活动

例 ▶寻宝大会　▶寻找隐藏暗号大会

▶寻找秘密信封大会　▶这里很奇怪啊,找碴大会

Point
● 实施如果找出菜单或商品目录上的关键词或错误则赠予奖品这样的企划。
● 考虑在巨大的会场内,将信封或宝物或硬币藏起来,如果找到它们则赠送○○的企划。
● 给找到的东西标上序号或记号,通过抽签决定中奖序号等这样分两个阶段的企划也可实行。

235 举办系列性的收藏比赛

例 ▶收集○○的××种类　▶将每周不同的○○作为礼物

(一共○种)　▶○○收集(保存)箱

Point
● 准备数个一系列的商品,明确告知顾客有系列赛(其他种类)。
● 制作系列赛一览表,并且对各个特征进行解说。
● 为一部分的项目增加稀有价值的要素。
● 通过将保存的专用箱作为礼物,来促使顾客收集齐全所有种类。

236 描述产品制造过程中历经的困难

例 ▶面向艰险的山路有○○　▶冒险、秘境的○○路线

▶挑战之○○路线　▶用○○%表示难易度

Point
● 进行这样的设定:并非简单就可达成目标,途中有些许困难等待着,为了达成目标必须要协作和努力。
● 将能刺激起挑战欲的难易度表示出来。
● 收集成功者的辛劳和体验,无论谁都可以阅读。

237 举办"某商品的亲身体验"的活动

例 ▶手工○○体验　▶亲子(情侣)的○○体验班

▶把自己制作的○○(做)××吧　▶手制○○体验

Point ◉举办顾客可参加的手工体验。

◉邀请一对以上的多人参加更易于获参。

◉拍摄实际制作过程,并将作品作为广告进行有效利用。

238 将商品设置为多人分享模式

例 ▶可两人分享的○○　　▶可 3 人分享的○○

▶仅女性可分享的○○　　▶可家人分享的○○

▶可团队分享的○○

Point ◉尝试企划多人一起分享或是团队一起分享。

◉考虑企划为多人可同时参加、进行决胜优劣的比赛等来调动氛围。

◉多人的折扣和团队的折扣可同时使用。

◉呼吁顾客,○人可挑战。

53 对于顾客的所有可能疑问,都要提前准备好答案

顾客在有意购买某件商品时,往往会对该商品抱有很多疑问。调查、适时地询问和理解他的疑问,就很可能达成初步的购买意向。因此,对于顾客考虑的所有疑问,都要准备好简明易懂、容易令他接受的回答。让每个人都可以轻易地了解到他心中疑问的答案。

239 设置常见疑问解答服务台

例 ▶"来自顾客的疑问和解答""顾客的 Q & A""将解答来自顾客的提问"等摊位

Point
- ◉ 将顾客通过广告单和主页等了解到的项目详情在显眼之处展示说明。
- ◉ 把来自顾客的实际性疑问和其解答（解说或解决方法）通过 Q&A 的方式（疑问和其解答的组合）变得可阅读。
- ◉ 将来自顾客的疑问受理窗口（联络地址）和方法简单明了地表示出来。

---

240 在推销过程中加入答疑环节

例
- ▶ "请允许我为您解答常见问题"→疑问和解说
- ▶ "请听解说，您留心到○○了吗?"→说明、解说

Point
- ◉ 在构成推销游说的准备阶段，让顾客提出感到疑问的点。
- ◉ 事前准备可简明易懂地消除顾客疑问的解说。
- ◉ 提前准备对疑问点解说有用的具体事例、图表等，以增强说明效果。

---

241 事先制作可能发生的问答集

例
- ▶ 来自顾客的疑问和解答的问答集
- ▶ 将来自顾客的设想疑问和其对应的优秀解答做成比赛形式，举办竞赛活动

Point
- ◉ 将来自顾客所有假设的假设疑问内容都列出来，并简明地总结与其对应的最佳解答。
- ◉ 通过组织职员参加的、类似"对顾客疑问的最佳解答"等比赛来募集优秀者并给予奖赏。

54　将以往顾客的满足感展示给新顾客

顾客在选择商品时,当然不想这将成为一次失败的购物经历,所以,最好让顾客知道能让其他顾客感到满意的商品信息。顾客如果感觉对这件商品满意的人很多,也就会安心购买了。如果有其他顾客的证明,就光明正大地拿出来展示。

242　将顾客对产品表达满意之情的照片贴于墙壁

例▶ ▶贴上满意顾客的笑脸照片

▶贴上来自顾客的明信片

▶贴上洽谈后和顾客的纪念照片

Point ●达成合约,顺利交货结束时,和顾客一同合影留念。

● 在顾客知晓的基础上,将其笑脸照片作为广告或门面进行介绍。

● 将满意顾客的照片做成影集,在店门口的等候区域和网站上公开。

243　制作顾客对产品表达满意之情的视频留言

例▶ ▶播放满意顾客的采访录像集

▶播放到顾客家的采访录像

▶播放来自顾客的感谢问候录像

Point ●前往满意顾客的家里进行访问,以采访形式探听顾客关于当初抱有的疑问和洽谈流程的感想。

● 收集来自顾客的一句问候。

● 收集"请对其他顾客说一句话"或"请对今后想要购买的顾客说一句话"等,展示给所有顾客。

244 制作顾客对产品满意状况的评论集

例 ▶ 制作来自顾客问卷的问候集

　▶ 将顾客的来信和明信片整理成小册子

Point ● 请购买的顾客做问卷,收集感谢评论。

　● 将贴邮票的信封和明信片装入同一封问候的书信中,让顾客更容易邮寄书信和明信片。

　● 将收集好的问候等归纳成小册子并进行配发,任何人都可阅读。

245 展示顾客使用旧款产品的照片

例 ▶ 举办顾客使用旧的钟爱产品的展示会

　▶ 制作钟爱产品的照片集

　▶ 展示变旧的钟爱产品的照片

Point ● 探寻是否有在让顾客震惊的漫长时间内持续钟爱使用的商品。

　● 通过举办钟爱产品的摄影大赛来收集钟爱产品的照片和热心的粉丝。

　● 举办永久的钟爱产品展示会或影展,并在广告等中介绍其高品质。

246 通过展示板公开与顾客进行物品互换

例 ▶ 通过告示牌等制度受理顾客的任意提问

　▶ 即刻为顾客展示最近的疑问和解答(疑问告示板)

Point ● 灵活利用告示板等制度,将简单的疑问写入并解答,供所有人阅读。

　● 在顾客想要提出疑问的时候,展示来自其他顾客的非常类似的疑问。

　● 在顾客目光之所及的地方即刻展示最近最多的问题和高频出现的问题。

55 使顾客可以轻易获知商品价格

通常,在不了解价格的情况下,你还会决定买吗?或者说,当你想要某件商品,却不知道价格时,肯定会想要了解价格吧?! 显然,价格对顾客选择购买商品来说,具有重要影响。正式价格或参考价格以及估计价格等例子都可以,要尽量将商品价格简洁明了地展示出来。

247 制作容易理解的价目表

例 ▶公布(散发)价格一览表

▶展示现在的菜单和价格表

▶展示价格表的下限和上限

Point ●总是留心把价格简明易懂地展示出来。

●对于难懂的价格,通过几种类型的实例和实际价格的组合展示出来。

●价格有很大差距时,通过最低金额和最高金额的表示法将价格差距简明地展示出来。

●制作价格一览表并散发。

248 制作样品价格(参考)、价格试算表(例表)

例 ▶将最近的估价金额通过照片展示出来 ▶制作模拟价格

▶展示参考价格

Point ●通过几个模型制作实际估价并供顾客阅览。

●制作顾客可试算价格的体系,并发布模拟价格试算表。

●公开一些最近做成的实际估价书和计划内容等。

感受价值

目标

注意

刺激欲求

信息

目的性的行为

持续的满足感

249 仅标示商品主体部分价格再另外提供多种选择

例 ▶ 主要展示主体价格、基本价格　▶ 制作可选择价格表

▶ 将选择组合的打包价

Point ◉ 将主体商品的价格通过明确的主体价格凸显出来,并另外将可选择的价目表简明地展示出来。

◉ 将几个推荐的选择组合(计划)成套餐作为有折扣的套餐价展示出来。

◉ 将主体的几个选择进行组合,同时介绍选择的价格。

250 将分期付款的月付额(日付额)标示出来

例 ▶ 一天承担○○元××即可到手

▶ 每月○○元,憧憬的××不是梦

▶ 实际每日承担○○元

Point ◉ 当商品或服务是高价的情况下,尝试通过分期付款的月付或日付的负担额来置换。

◉ 为了使日付金额等表达的低价可以给顾客带来深刻印象,将类似商品的价格也标示出来。

◉ 通过"一天仅需○○元即可得到憧憬的××"等标语模板进行介绍。

251 提供价值为 10 元(或 50 元)的代币

例 ▶ 代币(50 元)促销　▶ 一律 10 元的专柜

▶ 10 元(或 50 元)菜单　▶ 补加(配料)10 元菜单

Point ◉ 准备代币可付的菜单和食物,制作菜单和商品目录并介绍。

◉ 考虑能否通过代币补加菜品、配料等。

◉ 举办代币日或代币时间等活动。

252　使用尾数整齐的金额（50 元、100 元）

例 ▶ 10 元（或 50 元、100 元、500 元）专柜

▶ 任选 3 种 100 元　▶ 不论选哪个都统一 200 元的专柜

Point ◉ 考虑能否将尾数整齐的金额设为商品的价格。

◉ 将几个商品进行组合，同样商品有几个的话，考虑能否定位尾数整齐的金额。

◉ 将尾数整齐的价格设为有很大优惠的价格，并清楚说明此优惠的理由。

253　将价格分为各个价格区段

例 ▶ 根据价格段对陈列区域进行分类

▶ 给价格段印上能让人快速看懂的颜色或数字

▶ 各个价格展示专柜

Point ◉ 将商品的价格段用"○○元～××元"的方式分组，并将价格分组进行各个专柜展示。

◉ 对于已分组的各个价格段，用简单易懂的标记和颜色分别标注。

◉ 制作商品每个价格段的分类表并进行散发。

254　用易于理解的方式来标示高价

例 ▶ 使用大的数字标示价格

▶ 可调换式的大型价格题板

▶ 将价格写成大字版海报贴于墙壁

Point ◉ 让碰巧路过的顾客能看见价格。

◉ 将价格用一瞬间就能读懂的大额价格标示。

◉ 配备记载了大量参考商品和价格示例的传单和海报等。

感受价值

目标

注意

刺激欲求

信息

目的性的行为

持续的满足感

56　加入可以影响顾客情绪的故事

喜怒哀乐这些情感每个人都会有，同时，对他人的喜怒哀乐不由自主地产生反应也是人类的本能。如果他人表现出这些情感，则很容易被人注意。如果想通过文章或语言来引起对方的关注或兴趣的话，向顾客讲述饱含感情的故事无疑是一种很好的方式。

255 讲述使用此商品就会发生的有趣故事

例 ▶ 将自从使用该商品就注意到的可喜变化传达出去

▶ 将购买商品后发生的美好故事传达出去

Point ◉ 对于自从使用该商品就注意到的可喜变化是怎样的发现，加入感情并表达出来。

◉ 关于购买商品后发生的美好故事，按顺序分几个阶段传达出去。

◉ 在故事中，将包含的悲伤感情（故事）等多种感情结合起来表达。

256 讲述使用此商品前发生的让人恼火的事

例 ▶ 将偶遇商品之前感受的不满传达出去

▶ 将直到购买商品感到不满的事传达出去

Point ◉ 在开头传达未了解商品存在前所发生的让人火冒三丈的事实（体验）。

◉ 讲述迄今为止拥有的不满，以及如何解决的故事。

◉ 通过感情层面讲述如果更早遇到该商品就好了。

257 讲述使用此商品前发生的可悲故事

例 ▶ 将直到偶遇商品的辛酸故事传达出去

▶ 将偶遇商品前发生的可悲故事传达出去

Point ◉ 传达直到偶遇该商品的辛酸故事。

◉ 告知顾客感受到这种辛酸的人事实上非常多。

◉ 能把顾客从如此切身的痛苦中解放出来,将"此商品实在太好了"的感情投入表达出来。

◉ 将对于偶遇该商品的谢意表达出来。

57 为顾客提供犹如拥有该商品的虚拟体验

如果真的购入该商品或该服务的话,能获得什么样的体验或感受,能体会到怎样的快乐,这是顾客最想知道的。因此,不仅要让顾客观看和接触商品,还要尽量让顾客真实地体验或虚拟体验购买后的实际感觉。

258 将拥有此商品的美好生活场景演示出来

例 ▶ 演示家人正在愉快用餐　▶ 演示愉悦的约会场景

▶ 演示愉快的家族旅行场景

Point ◉ 将顾客有了该商品的"生活场景"进行录像演示或展示。

◉ 将模拟房间、模拟餐桌、模拟卧室、模拟孩子房间等生活中的场景进行演示,并将使用其中商品的快乐模样进行体验。

259 提供长时间真实体验或使用的机会

例 ▶ 作为评论员可使用数日

▶ 模拟房间的 1 日住宿体验

▶ 模拟婚礼体验　▶ 试乘半日出租

感受价值／目标／注意／刺激欲求／信息／目的性的行为／持续的满足感

Point ● 考虑能否数个小时（可以的话数日），将该商品免费或低价出租出去，供顾客体验。

● 尝试让顾客在实际模拟○○时进行体验。

● 将数日的免费借用权力作为抽选礼物，以此将应征者作为潜在客户进行接近。

260 使顾客不仅能看到还能亲身感受到商品带来的好处

例 ▶ ○○体验角　▶ 尝试实际（使用）触摸○○

▶ 试衣间　▶ 家具试用专柜

Point ● 通常只有"可看、可摸"的程度，配备可实际使用感受的体验空间。

● 真实地再现实际使用的环境和场景，从而达到现场体验的效果。

● 充满临场感的展示，让其他顾客即使只观看也有模拟体验般的切身感受。

58 有效利用精确的数据，以带来信服力和说服力

　　数字，是赋予调查和实验数据根据的东西，具有不可思议的说服力。并且，不能是粗略的数字，要包含零头的精确数字表达，才能唤起顾客额外的信任感。再观察一次散布在商品周围的数字（数据），尽量原封不动地利用真实数据。

261 将顾客的满意度通过数据（百分比）表示

例 ▶ "顾客问卷的满意度 **89％**"

▶ "**92％**的顾客非常满意"

Point ◎请求顾客完成关于满足度的问卷，并将其真实数据做成报告等进行
灵活利用。

◎在满意度很低的情况下询问顾客：为什么呢？哪里有问题？不断反复
直至成功改观。

◎如果满意度超过 80％，则灵活利用真实数据，如果满意度更高了就随
时变更数据。

262 将商品通过科学性的（实验性的）数据表示

例 ▶○○的含有率是令人震惊的××％　▶与普通的○○相比
卡路里减少了 67％　▶实现了○○的××倍的燃烧效果

Point ◎在有关商品的科学的数据、实验的数据、品质数据中，如果有一组能
让人感受到商品的魅力，则将这组数据灵活运用到表达中。

◎如果有科学的数据，通过和身边的其他商品数据进行比较，从而进行
更清楚明了的说明。

263 将商品相关的材料或成分等通过具体的数据表示

例 ▶调配○○毫克的胶原蛋白　▶减少○○％的盐分（糖分）
▶通常只取一头牛的○○克

Point ◎考虑能否灵活利用构成商品的成分和原材料的含油量和比例、难以
置信的魅力数据。

◎寻找专业知识或普通知识都该有的，作为常识被漏看的事实和数值数据。

264 将具体的销售额和预约额用数据表示

例 ▶现在的申请人数是 237 名　▶将订购预约的顺位前 10 名
商品标识出来　▶迄今为止○○的累计销售数是 5628 个！

Point ◎将实际销售的真实数据和愉悦指数毫不隐藏地展示出来告诉顾客。

　　◎通过展示累积的销售数（迄今为止的销售数量）表现出该商品实际很畅销。

　　◎将上次销售时直到售罄的时间以分钟为单位表示（如：预约受理后 97分钟售罄），从而体现人气度。

59　使用所有可用的正序排名

　　不论是怎样的内容，排顺位的数据都会引起顾客的兴趣。顾客会不由得被勾起好奇心。商品的畅销情况、重复购买率、人气等排名，对于此后选择商品的人来说，无疑是最具有参考价值和吸引力的。因此，应试图从顾客在意的各个切入点中，使用此类正序排名。

265　将畅销商品的排名简明地展示给顾客

例 ▶畅销人气商品排名 1～10 名　　▶按种类的人气商品排名

　　▶最畅销商品的 100 位一次介绍

Point ◎将单纯的全体畅销商品进行排名展示。

　　◎按商品种类进行畅销商品的排名。

　　◎制作"上个月或上个周"的畅销商品排名。

　　◎对于进入排名的商品，将畅销理由作为"人气要点"进行记载。

266　将各类商品的重复率通过排名展示

例 ▶吸引回头客商品的排名前 10 位

　　▶令人震惊的回头率商品的前 3 位

　　▶回头客订购数的前 20 位

Point ◉ 在了解邮购等个人的销售额和购入商品的情况下,将每件商品的回头率用排名展示出来。

◉ 如果有以绝对领先的回头率为豪的商品,可通过前 3 位等令人震惊的回头率商品介绍给顾客。

◉ 按类别通过回头率将商品进行排名展示出来。

267 分年代、分男女展示人气商品的排名

例 ▶ 分男女对人气商品进行排名

▶ 按年龄层对畅销的人气商品进行排名

▶ "40 岁以上女性选择的畅销化妆品前 5 位"

Point ◉ 如果知道按顾客各个属性的销售状况,可按年代、男女进行人气商品的排名展示。

◉ "20 多岁女性选择○○""40 多岁女性的人气商品○○""30 多岁男性的人气商品○○"。

268 通过某企划(主题或种类)的顺位排名展示

例 ▶ "○○的人选择的人气××前 5 位"

▶ "○○的选择,无论何时都获得荣耀的推荐商品前 5 位"

Point ◉ 缩小商品的类别和主题的范围,尝试在其类别内进行排名。

◉ 就某主题对顾客进行关于人气商品的问卷调查,并将其结果公示。

◉ 对某主题的推荐商品排名进行展示。

◉ 对店长推荐、买主推荐等进行排名并展示。

感受价值

目标

注意

刺激欲求

信息

目的性的行为

持续的满足感

60　邀请顾客亲手制作商品

> 如果顾客亲自参与或亲手制作的话，就无形中给商品附加了唯一性价值。如果这种想法在通常情况下无法实现，那增加的价值就更大了。准备顾客可参与、可亲手制作的环节，并将这种魅力和参加的乐趣广而告之。

269　让顾客自己进行烹饪、加工

例 ▶ 让顾客自由地进行装盘

▶ 顾客自由控制烧烤状态的〇〇烧烤

▶ 顾客自己烹饪〇〇

Point ● 尝试让顾客自己完成〇〇。

● 通过顾客自行烧烤、自行选择喜欢的东西、自行切好分类等，考虑能否让顾客按自己喜好参加制作。

● 以顾客可参加（制作）来最大限度吸引顾客。

270　让顾客自己收获原材料

例 ▶ 来自收获原材料的乐趣〇〇

▶ 捕获自己喜欢的食材〇〇

▶ 顾客自己收获甜点〇〇

Point ● 考虑能否让顾客在烹饪或加工前可自由选择喜欢的原材料。

● 试考虑能否将材料选择作为一个活动要素或游玩项目。

● 将当场收获的新鲜印象表现出来。

● 通过收获、选择的乐趣来吸引顾客。

271 让顾客可以选择自己喜欢的○○

例 ▶ 可选择 **3** 种喜欢的材料（配饰）订购

▶ 任选 **3** 种进行组合都是○○元　　▶ 可选择○○套餐

Point ◉ 考虑能否让顾客选择几种喜欢的○○订购。

◉ 将可根据自己喜好选择作为一种乐趣广而告之。

◉ 尽量将选择方法简单化，明确传达有选择项的魅力。

61　通过猜谜引起顾客兴趣

如果顾客突然被问到一个谜题或问题，可能一下子想不起来答案，或者他们没有类似的办法或经验去找到问题的答案。相应地，谜题和问题拥有不可思议的魔力，它能引起顾客的兴趣，促使顾客考虑购买。灵活利用猜谜这种不可思议的魔力，引起顾客的兴趣，从而有效地传达想要传递的信息。

272 通过猜谜问答或疑问句来设计抓人目光的广告语

例 ▶ "○○的美味的秘密是什么呢？"　　▶ "您知道○○是××吗？"

▶ "○○和××哪个卡路里更低呢？"

Point ◉ 尝试考虑将谜题作为抓人目光的广告语。

◉ 考虑用"您知道○○吗？"这样的问题，刺激顾客的好奇心。

◉ 提问有两个选择项的问题，将难以理解哪一个是正确答案的问题作为抓人眼球的广告语。

273 若猜对谜底可获得免费饮品一杯

例 ▶ 解出谜题的话当场提供○○服务

▶ 解出○○谜题的话××免费，即使答错也可享受半价

Point ◉ 出很难的谜题、答对的话可享受○○免费，以此激起顾客的参加欲望。

◉ 准备一些即使答错也会赠送的参与特惠。

◉ 考虑将询问员工得到的灵感隐藏到菜单当中。

274 每周改变所出的谜题

例 ▶ 几周出一次谜题，逐渐增加难度

▶ 根据连续解出谜底的次数赠送○○礼物

Point ◉ 每个时期内出谜题，连续答出○问的话即可赠送特大优惠。

◉ 将连续谜题的答案作为记号备齐即可组成一句话，从而引起顾客连续挑战的兴趣。

◉ 中途即使答错也提供一些特惠。

275 将欲传达信息通过关联谜题表达出来

例 ▶ 将谜题的答案作为商品的名字

▶ 将谜题的答案作为与商品特长有关联的要素

▶ 将答案作为引人注意的广告语

Point ◉ 考虑将谜题答案作为想要宣传的话和关键词。

◉ 将谜题答案作为可以表现想要宣传的商品特长的词语和与之关联的要素。

◉ 将谜题答案的提示不经意地展示在顾客目光所及之处。

62 像故事主人公一样正中要点地描述故事情节

有主人公、有明确的登场人物和背景、清楚明了的起承转合等是故事的特征。因此，在与商品有关的内容和话题中，如果一个故事中有主人公的存在的话，讲述人更易讲述，听故事的人也更容易理解。如果有想要传达的东西，设定主人公，通过有叙事意识的故事来进行讲述吧。

276 制作有情节的短篇动画

例▶ 制作历经苦难得到幸福的短篇动画

▶ 制作在努力的最后（和敌方）赢得了战争的动画

Point ◉制作主人公在历经苦难后终于成功这样剧情的微电影或短剧。

◉设定容易让目标顾客感情代入的同样时代、同样环境的主人公。

◉制作能理解全部情节的缩略版，不花费时间就可以了解故事。

277 制作有趣的漫画

例▶ 给没有亲近感的话题加入搞笑元素并以漫画形式进行介绍

▶ 面向年轻一代时通过容易亲近的（人物角色）漫画来进行解说

Point ◉将难懂的、无亲近感的内容做成有趣的漫画中的故事。

◉试考虑将主人公定为可爱的女孩等，使用身边的设定制作故事。

◉使用配角等容易产生亲近感的角色。

◉在活动中有效利用角色中的道具等。

278 制作简单、可玩乐的游戏

例 ▶ 将困难的东西做成简单可玩的游戏

▶ 一边进行游戏一边进行容易理解的流程　▶ 带来游戏性

Point ◉ 考虑能否将难以说明的东西通过争夺胜负的游戏来进行说明。

◉ 考虑在参加游戏中用大量关键词和语言说明内容。

◉ 将游戏中想要宣传的特长自然、可接触般展开。

63　进一步提升顾客对商品的认识

在销售商品时,再没有比商品知识更强有力的武器了。这里所说的商品知识也包括其他竞争对手公司的商品知识信息。增加关于商品的各类知识,理解顾客的需求。不要传达有关商品的所有信息,而要传达顾客真正想要的、在意的商品信息。

279 制作与其他公司(竞争对手)商品的比较表

例 ▶ 将与竞争商品的众多不同作为切入点制作比较表

▶ 制作顾客感兴趣要素的比较排名表

Point ◉ 试考虑顾客比较讨论的竞争商品到底有什么不同。

◉ 将顾客想要比较谈论的商品进行多项比较,并将其优劣制作成简明易懂的表。

◉ 将顾客感兴趣、关心的东西作为比较项目。

280 将商品说明修改为以"传递信息"为目的

例 ▶ 制作简单易懂的关于特长的商品说明

▶ 用易于传达的简洁语言制作商品说明

Point ◉ 尝试用简单易懂的语言替换掉商品说明的内容。

◉ 制作只有商品特长的简易版商品说明。

◉ 真的要这样传达吗？提问的同时，再次检查说明文内容。

281 让顾客在感受到快乐的同时学习商品知识

例 ▶ 关于商品知识理解程度的比赛

▶ 对战型的商品知识猜谜大会

▶ 制作可以学习商品知识的游戏

Point ◉ 结合初级、中级、高级等几个阶段的知识程度进行商品知识的学习。

◉ 设置检验知识掌握程度的比赛和游戏。

◉ 通过带有活动性的知识猜谜大会等挖掘优秀人才，并举办表彰大会。

64 让顾客感受与众不同的"非寻常体验"

顾客平时做不到的事、到不了的地方，通过营造和平时不同的氛围，给予一种非平常的体验，从而让顾客感受到价值。非平常，是指和平常相反的存在。如今，所谓的与平常不同的存在，是指新加入了不同于平常的要素，为顾客提供新的魅力和价值。

282 在房顶上或停车场提供服务

例 ▶ 屋顶咖啡店 ▶ 屋顶啤酒店

▶ 屋顶特别席位 ▶ 屋顶帐篷席位

▶ 停车场开放席位 ▶ 停车场烧烤席位

Point ◉ 考虑能否在店铺和停车场为顾客提供服务。

◉ 考虑在季节好的时候和附近举办活动或庆典的时候作为吸引人的场所。

◉ 如果有产生特别价值的空间,考虑能否作为特别席位。

283 让顾客站着即可享用

例 ▶ 站着即可享用的套餐○○　▶ 站着饮用

▶ 站着食用○○　▶ 不用坐下站着享用○○

Point ◉ 考虑能否提供站着就可随意享受的服务。

◉ 改变平时的支付制度,在付账前和每回付账时,考虑能否开展自选服务。

◉ 试构思"站着○○"。

284 在工厂或仓库(存货处)进行促销

例 ▶ 清空工厂存货的促销　▶ 清空仓库存货的促销　▶ 感谢顾客的工厂参观 & 销售会　▶ ○○仓库销售　▶ ○○仓库市场

Point ◉ 有效利用平时不使用的工厂和仓库,考虑能否举办面向老顾客的特别促销或面向相关客户的家族促销等。

◉ 为了进行有优惠的录像演出,使用"仓库"和"工厂"等词眼进行促销。

◉ 探讨结合工厂参观等进行销售。

285 限日、限时地提供 VIP(高级)服务

例 ▶ VIP 感谢日　▶ 针对老顾客的特别招待日

▶ 与平时不同的高级体验　▶ 特别菜单日

Point ◉ 在决定特别的日子,通过特殊的演出邀请老顾客,将其作为 VIP 感谢日。

◉ 举办和平时不同的菜单和限定商品、新作品率先发布、新商品发售等特别活动日。

◉ 将一般顾客和 VIP 顾客(特惠等)的区别明确体现出来。

Part 5

务必要给
顾客发信息

设法将想
要传达的信息
正确无误地传
达给对方

　　即使有想要传达的信息，也可能会将信息错误地传达。如果不能准确地传达想要传达的意思的话，那信息的传递是完全没有意义的。

　　信息传达的重要之处在于，想要传达的人是谁、过着怎样的生活、使用怎样的语言、接触着怎样的信息等，这都是有关传达对象的关键。最大程度地灵活利用这些信息，使用更贴合被传达方的表达，从而使想要传达的信息更简明易懂。

　　此外，可通过反复尝试使用文章、照片、录像、声音、气味等多种手段或方法传达信息，从中找出最合适的手段或方法。

　　然后，仔细斟酌你的表达内容，使用最合适的手段或方法将信息顺畅地传达到顾客脑海中。

65　让顾客听一遍(或读一遍)就能理解

准确传达信息的诀窍在于,使用任何人都可以在一瞬间或是只听一次就理解的简单词汇。极力避免晦涩难懂的表达,只使用常用的词汇和表达,尽量让文章更简短。然后,用斟酌好的词汇或文章,流利地将信息传达给你的顾客。

286 删减冗余部分使文章简洁

例 ▶○○成为了×× ▶○○是×× ▶告知顾客产品机能

▶通过○○可以×× ▶○○成为××之后就是△△

Point ◉设定字数使文章不得不简短。

◉将写好的文章读一遍后再进行检查和修改。

◉将一篇文章的长度缩短到只剩纲要。

◉将一篇很长的文章分割成数篇文章。

287 大胆将汉字换成拼音

例 ▶将汉字变成拼音 ▶给汉字标上拼音

▶在汉字后写拼音 ▶只写拼音

Point ◉对于即使是有一点点难懂或是需要思考一下认读的生僻字,大胆考虑能否换成拼音。

◉对于初中生水平觉得难懂的汉字,给该汉字标上拼音。

◉看能否迅速读下来,以进行多次检查。

288 反复检查自己的表述是否适当

例 ▶多次快速诵读关键词 ▶多次检查是否顺口

▶多次让孩子说

Point ● 把话或关键词说出口来检验其是否"适当",不适当的话探讨将其换
成其他的词。

● 在和孩子的对话中,使用简单的语言进行表达。

289 使用简单的语言以便顾客能够快速理解

例 ▶ 将想要传达的内容变成可以迅速传达的语言

▶ 选择可以瞬间理解的词汇　　▶ 选择意思易懂的词汇

Point ● 使用看见就会明白其意思的简单词汇。

● 检查该词的意义是否能够瞬间在脑海里留下印象。

● 对于难懂的语言,使用 2 个简单词语的组合。

290 向顾客传达我们(店铺、商场等)的发展目标

例 ▶ ○○是可以××的△△　　▶ ○○是非常××的△△

▶ ○○是××的△△　　▶ ○○是可以悠闲地享受××的△△

Point ● 像"顾客想要○○的店"一样,表示出这是可以实现顾客愿望的地方。

● 单纯表现出"某种要素,会成为怎样"。

● 简单地表现出会成为怎样舒适的状态,会成为怎样幸福的状态。

291 使用人身体的尺寸进行说明

例 ▶ 2 个手掌大小　　▶ 正好手可拿起　　▶ 两手展开大小

▶ 以步幅来讲的大小　　▶ 手指可拿住的程度

Point ● 小的东西以手掌尺寸为标准。

● 大的东西以两手张开为标准。

● 轻的东西以单手可拿起作为标准。

● 更小的东西以拇指和食指两个指头展示。

● 更大的东西以身高为标准展示。

● 距离等使用步幅进行表现。

292 使用销售对象常用的语言进行解说

例 ▶通过平常经常使用的关键词告知顾客 ▶使用接受人熟悉的
关键词 ▶通过那个年代人们使用的词进行宣传

Point ●不使用特殊的语言，而使用平时常听到的语言。

●使用成为目标的潜在客户平时常用的语言进行宣传。

●确认成为目标的潜在客户是否对该语言迅速产生了反应。

66 配备该场合必须要使用的解说道具

　　想让顾客来店里，就必须要先向顾客说明如何找到这里。如果顾客不知道店铺所在地点、路线、店铺的详细信息，即使想去也去不了。对于能给人留下印象的店铺地点信息，应当公布在任何人任何时候都能看见的地方。

293 设置广泛区域的地图和周边地区的放大的地图

例 ▶广泛区域的地图和易懂的周边区域放大地图

▶明确标示进入停车场的方法 ▶记录最近的显眼店铺

Point ●配备目标场所的周边扩大的简明地图和包含地域位置关系、主要道路、主要车站等位置关系的广泛区域的地图两种。

●明确标示停车场的地点、可停车台数、进入方法、附近的有名场所（店铺）等。

294 通过声音或动画对路线进行解说

例 ▶路线的声音导航专用电话号码 ▶发布路线的动画导航

▶可下载路线的声音导航

Point ◉ 制作到目的地的路线声音说明和动画的实际行进方式的解说录像。

◉ 将路线的声音说明文章化,用文字也可以进行说明。

◉ 将动画说明登场时的静止画面做记号,将其作为文章说明的标记照片有效利用。

295 在周围设置印有引导箭头的牌子

例▶ ▶在周围放置牌子 ▶在周围放置印有箭头的牌子

▶○○直行→(箭头)

Point ◉ 在店铺周围放置引导用的牌子,标示箭头和距离等。

◉ 将牌子设置在顾客容易看见的地方。

◉ 考虑对于走路的人增加信息量的投放、对于开车的人减少信息量的投放。

296 在附近的车站用文字和照片说明状况

例▶ ▶登载路程的照片 ▶记载最近地方的大型建筑物、纪念碑

▶边解说边走路地进行说明

Point ◉ 从最近车站的几号出口出来最快?怎样的路线顺序、按什么箭头走更容易?将这些加入照片进行说明。

◉ 直到走到实际目的地从出口出来,边走边进行解说录音,将这个过程文章化。

297 标示最近的车站、邮编、住址的详细信息

例▶ ▶标示从最近几个车站到此地的路线

▶将行车路线、高速路出入口等进行说明 ▶标示电话号码

Point ◉ 将从最近车站来店的路线通过几个车站来店的模型进行说明。

◉ 一定要记载邮政编号、电话号码、住址等详细信息。

◉ 记录最近的高速路出入口、最近的大型超市等驾驶者容易记住的标记。

67 让选择更加简便

在决定购买某件商品时,一般都会面临选择。购买者往往会以自己感受到某件商品的优势作为切入点,和另外几件商品作比较,并从其中选择自己认为最好的。准备多种方法来使顾客的选择行为进行得更顺畅。

298 使顾客可以组合购买商品

例 ▶**ABC 的 3 种组合** ▶**组合试将难以选择的东西做成套餐**

▶**按照分量不同制作套餐**

Point ◉将顾客不怎么考虑的商品组合成最佳组合。

◉考虑按照顾客的喜好进行组合模型。

◉分析顾客组合购买的内容,喜欢的话找出组合模型。

299 将顾客想要比较的商品放在一起

例 ▶**将同样种类不同价格的商品并排陈列**

▶**设置类似商品的比较表** ▶**设置比较类似商品的专柜**

Point ◉将顾客想要比较的其他商品并排放在随手可取之处,以方便比较。

◉关于顾客商品的选择,为了让其完全接受,故意将不好的商品(比如更便宜而质量不好的商品)并排而立。

300 将该商品的关联产品陈列于其周围

例 ▶**关联商品专柜** ▶**"如果买○○也请考虑这个"**

▶**○○的关联商品专柜** ▶**通过主题将关联商品并排摆放**

Point—◉ 试考虑能否设置专柜或特设卖场将关联商品集中在一处。

◉ 制作一个与一个主题相关的必需品全部聚齐的卖场。

◉ 在专家或具体的员工附近设置卖场，对一系列的商品进行实际使用般的演出。

301 使顾客能够真实地想象商品买入后的状态

例▶ 有效利用○○例子（场景）进行表示

▶ 展示使用例子和他人看法　▶ 配置镜子

▶ 展示第三人的使用姿态

Point—◉ 将顾客在众多场面的使用场景的照片和录像展示给观众。

◉ 准备顾客自身视点看到的东西和他人视点看到的东西两种类型。

302 对商品的选择基准和选择方法（要点）进行说明

例▶ 将○○合算的选择方法展示出来

▶ ○○的聪明选择方法　▶ 选择○○的要点

▶ 以○○为主题的比较表

Point—◉ 考虑从商品选择的专家视点，为使顾客做出最佳选择而给出建议。

◉ 为进行商品选择列出的三要点。

◉ 以专家的单独视点为切入点进行商品比较并将结果介绍给顾客。

◉ 将自己的感想作为一句话评论给商品。

68 不要同时对多位顾客解说

这个商品"大家"觉得怎么样呢？这个商品"您"觉得怎么样呢？哪一种表达更能吸引人呢？显然是后者。与同时和很多人解说相比，自然是对一个人解说更得顾客人心。将想要传达的东西，只对一个人传达吧。

303 专注于为当前一位顾客解说

例▶ ▶将眼前的人作为宣传对象进行解说

▶"哎，您不(做)○○吗?"

▶"您认为○○怎么样呢?"

Point ● 将眼前的人作为想要宣传的潜在顾客，充满热情地进行解说。

● 将目标顾客具体化而产生具体印象，用更合适的表达进行解说。

● 不要对着许多人解说，只对眼前的一位顾客，尝试问询般的解说。

304 想方设法打动当前顾客的心

例▶ ▶"与您非常合适的○○肯定在这里"

▶"为您○○" ▶"用心等待的○○"

Point ● 围绕目标顾客和理想顾客的姿态，试考虑作为"印象中一个人的为之动心的问候"。

● 询问自己：这个内容确实打动心灵和拥有自信吗？

● 再次检查热情是否传达出去了。

305　（在文章中）多使用"您"这样的敬称

例▶ ▶"读这个的只有您的○○"　　▶"您感觉到了吗？"

▶"○○将作为您的礼物"　　▶"想对您说"

Point ◉在对话和文章中加入"您""○○样的您"这类表达，增强解说意识。

◉在表达和文章中加入"您"这种敬称并修改内容。

◉总是有意识地使用"您"进行解说。

306　通过条件筛选，找准对象进行解说

例▶ ▶"对于过了 40 岁就容易感到疲劳的您来说"

▶"对于最近总感到口渴的○○来说"

Point ◉为了让眼前的顾客一说就懂，缩小话题进行解说。

◉将任何人都适合的几个条件组合起来并表现出来。

◉根据时节，特意围绕特殊的条件进行解说。

307　对特定人群要热情饱满地进行解说

例▶ ▶"我最初也是○○这么想的"

▶将洽谈的对话场景展示出来

▶通过采访录像（○○先生的场合）进行宣传

Point ◉将与其他顾客关于商品热情交谈的场景摄影并展示出来。

◉明确表示参与录像的顾客需要怎样的特定条件（情况）。

◉告知顾客登场人物是非常平凡的人，其条件也是身边发生的事。

69　将成果（结果）清楚明了地展示出来

顾客总会期待商品使用后会怎么样，所以别人已有的使用心得或结果，就很容易引起购买者的兴趣。实际上，顾客对于使用该商品后，会发生什么事，会产生怎样的效果，总是带有一种想要亲眼确认的感情。因此，尽量将具体的使用成果或结果，以戏剧性的变化对比方式，简明易懂地呈现出来。

308 ▎刊登该商品的使用前后变化的照片

例▶ ▶将使用前和使用后变化的样子通过照片和动画展示出来

　　　▶将使用后 1 个月、3 个月、半年根据时间的变化展示出来

Point● 将商品使用前记录的画面和录像和使用后戏剧性的变化真实记录下来进行介绍。

● 将定期间隔的外观和观测数据等记录下来。

● 将使用前、使用后并排进行比较。

309 ▎将成果或使用结果用图表表示出来

例▶ ▶把成果用图表（柱状图、折线图）突出变化

　　　▶将变化结果通过图表展示出来　　▶将结果用表进行对比

Point● 将使用商品而产生的变化用表或图表表示，并将变化的部分用颜色凸显出来或写在封皮上。

● 制作单纯的结果展示图表，将有戏剧性变化的部分文字涂红，或是只给增长部分加上颜色。

310 ▎制作忠实顾客（顾客）的话语专栏

例▶ ▶灵活利用使用者的照片、录像、评论等　　▶体验者采访角

　　　▶忠实顾客广场（话语）角

Point ◉ 打造可以让别人了解到确实存在该商品的忠实顾客的场所。

◉ 营造可以让顾客给完全不使用的人建议的环境。

◉ 营造老顾客之间可以进行交换信息或新使用方法的环境。

311 公开顾客问卷或意见、感想

例 ▶ "收集顾客（老顾客）的意见"

▶ "将顾客问卷调查做成○○"

▶ 问卷调查结果展示专柜

Point ◉ 将实际使用该商品的人的采访或感想收集起来展示给所有人。

◉ 使用后，请求顾客做问卷，并将所有数据公示出来。

◉ 将来自顾客给未使用者的参考意见集中在一处方便展示。

312 依托于公共检查机关的试验结果或测定效果

例 ▶ "根据检验机关的检查得出○○"

▶ "○○的检测结果出来了"

▶ 公示检查结果一览表

Point ◉ 依赖公共检查机关或第三方检查机关等的检查效果和实验效果，并将其结果内容进行公示。

◉ 必须记载检查结果的出处和检查日期以及检查对象等，以增强可信度。

◉ 将检查结果的数据和结果内容做成易于给人留下印象的照片或插图。

70 首先要向顾客致谢

不论是谁,都不会讨厌别人的感谢。如果有想让顾客做的事或是今后请求顾客做的事,先进行感谢会更好。先提出感谢问候,不论是通过文章、寒暄或其他任何方式,请在最开始将谢意传达出去。

313 分发附带优惠的卡片,感谢顾客的订购

例▶ **提前派发带有特惠的"访问(感谢)卡"**

▶ **来店感谢卡**　▶ **订购感谢卡**

Point ◉ 考虑能否在顾客来店购买之前,制作传达谢意的表达工具。

◉ 记录在购买和来店的谢礼,并在购买时赠送可使用的特惠(联票券等)。

◉ 在顾客行动前传达谢意,让其有意识地行动。

314 致谢放在文章的最前面

例▶ **感谢您的本次访问**　▶ **感谢您的询问**

▶ **感谢您到店**

Point ◉ 在对话和文章的开头,以对顾客的感谢开始。

◉ 在对顾客的问候中,留心使用以谢词开始,然后传达想传达的内容,最后再以谢词结束这种模式。

315 制作对顾客的感谢话语集(问候语集)

例▶ **经常准备多种对顾客感谢言辞的模板**　▶ **感谢话语集**

▶ **事前进行感谢语言的练习**

感受价值

目标

注意

刺激欲求

信息

目的性的行为

持续的满足感

Point ◉准备几个开头使用的谢词模板，一直练习到能脱口而出。

◉假设多种情况，写出任何情形下都可使用的所有的谢词，如果有新的东西就添加上去。

316 以"感谢您的订购、购买"等谢词开始问候

例 ▶感谢您的预约　▶感谢您的购入

▶感谢您的申请　▶感谢您的问询

▶感谢您的购买　▶感谢您的订购

Point ◉对于顾客的购买和订购的回答，首先从谢意的寒暄开始。

◉在写给顾客的书信和文章中，在第一行带上感谢的话。

◉留心"顾客采取的行动"＋"非常感谢"这样的表达模式。

71 当场传达想要传达的感情和经验

将过去的经验和当时的感情，身临其境地传达，那么接收方也就容易代入感情，从而效果越好。同时，充满现场感的表达和影像，就会有相应的印象，会将真相如实地反映出来。就按照你所感受到的，犹如在现场一样地充满感情地传达出去。

317 将感动瞬间录像并做成动画进行传播

例 ▶边实况转播动画边解说

▶将内心感受到的瞬间表情通过动画解说

▶边讲述感受边录像

Point ● 考虑能否将顾客的实际体验进行实况转播。

● 进行实际尝试,将感受到的东西用语言当场表达出来,并将这些话灵活运用到解说中。

● 将舒适通过语言和表情两方面表现出来。

318 生动地表述商品的优势并客观地展示出证据

例 ▶ 将感受原封不动地用语言表现出来

▶ 一边通过数据和数字展示证据一边宣传

▶ 抓住表示感觉的语言

Point ● 通过表示感觉的表达展示出商品的优势,作为回应顾客疑问的理由或根据的说明。

● 为了有感情地传达而以商品的优势来刺激感情。

● 将当场的感受表达出来并传达出去。

319 在顾客体验前让其看影像并解说

例 ▶ 在食用前通过看录像来刺激食欲

▶ 展示体验的瞬间录像

▶ 展示体验中看见的东西

Point ● 将顾客感到舒适的瞬间和这之前是怎样的进行录像并展示出来,并持续对感到舒适的表情进行介绍。

● 将想要传达的东西置于体验的高潮,通过顾客看到的录像展示,通过体验到的有感情的语言和表情传达。

感受价值

目标

注意

刺激欲求

信息

目的性的行为

持续的满足感

72 将最想要传递的信息多次传达

你不能把想要传达的东西传达给接受方就放心了。对方除非非常感兴趣，否则只听一两次的话是不会留下印象的。将最想传达的东西多次反复地传达出去是非常重要的。再说一回吧。抛弃羞涩，将想要传达的东西多次、反复地传达出去。

320 将欲传递信息多次加入对话中

例 ▶ 为使想要传达的话（关键词）在文中凸显出来多次加入文章中

▶ 将想要传达的话在最初和最后准确传达

Point ◉ 让想要传达的话或关键词数次出现在文中，并用粗体或括号"[]"等凸显出来。

◉ 将想要传达的话多次加入对话中。

◉ 一定要将想要传达的话在最初和最后进行传达。

321 将欲传递信息当作关键词重复

例 ▶ 将想要街头巷议化的东西用一句话的关键词表达出来

▶ 尝试将想要传达的内容用别的关键词置换

Point ◉ 将想要街头巷议化的话和想让顾客传达给其他顾客的话有计划地用一句话的关键词表达出来。

◉ 尝试将想要传达的内容用能被快速理解的关键词（一句话）表达出来。

322 将想要顾客记住的关键词做成谜题

例 ▶ "您真的知道○○是××吗？"

▶ "对○○起作用的话是什么呢？"

Point ◉考虑将想要顾客记住的话和关键词做成谜题，或将谜底做成关键词。

◉考虑将顾客自己书写或输入关键词作为必要企划。

Part 6

引导顾客
达成目标

　　对你来说,最终目的,也就是想让顾客有行动。成为这个目的的行动,根据场合,有购买、申请、资料请求、企划的募集、合同书的签订、电话问询等诸多事项。但是,不让顾客意识到该行动,就无法简单地完成这一目的行动。

　　因此,你必须要将想让顾客完成的行动用具体的语言表达出来,直接引导顾客开始这项行动。

　　然后,在顾客意识到多次行动时,要提前制造易于开始多次行动的环境(情况)。

　　并且,在这个目的行动对于顾客来说,要让他感觉很有魅力,准备一些进行多次行动就可得到的特别价值和特别优惠,从而招呼顾客发起此行动。

73 擅长使用"3 之魔法"

惯用数字"3"的场景多得难以想象。有些是缩小重要事项的范围，有些是列举事例，有些是进行组合。在有想要进行几次的行动的时候，很多场合，数字"3"不仅仅具有亲和力，它也发挥了给人简单的印象和不可思议的说服力的效果。就让我们好好利用 3 的魔法，来打动顾客的心吧！

323 制作"3 个要点"的招牌卡片

例▶ ▶集齐 3 点的话赠送○○礼物　▶3 次来店可免费提供○○

▶集齐 3 枚应征券的话○○统统赠送

Point◎通过任意的容易收集的回数"3 次来店或购买"考虑准备赠送的一些特惠。

◎将"累积 3 点的话就赠送○○"这样的内容加进去，第 1 次、第 2 次也可赠送一些小的特惠。

◎将各种特惠的魅力明确传达出去。

324 制作 3 点套餐

例▶ ▶买的合算的 3 点套餐　　▶有它就很方便的 3 点套餐

▶面向初学者的 3 点套餐　▶○○的上下带有××的 3 点套餐

Point◎尝试把关联商品进行 3 个一组合，制作给顾客带来合算印象的 3 点套餐。

◎通常都是 2 点套餐，加入特别的 1 点做成 3 点套餐从而给顾客带来印象。

◎缩小条件等，试将适合顾客或顾客需要的 3 件商品组合成套餐。

325 让顾客可以自选 3 件

例 ▶ 从该专柜任选喜欢的 3 件都是○○元

▶ 您想要哪一个呢？任选喜欢的 3 项都是○○元

Point ● 将数件关联商品集中起来，顾客可从中任选 3 件喜欢的，不论选哪 3 件都设定为同样价格。

● 明确介绍所有商品和各自的魅力，改变顾客脑海中"选哪个好呢？"的选择想法（心理）。

326 将商品优势集中成 3 点来宣传

例 ▶ 这个商品的优势有 3 点，首先是～   ▶ 该商品特长 1～3

▶ 第 1 的优势～，第 2 的～   ▶ ○○的 3 大特点

Point ● 从商品拥有的众多特长当中，缩小范围选出 3 个顾客真正认为的特长进行宣传。

● 从公认优异度高的特长中按顺序选 3 个进行宣传。

● 将除此之外的特长作为优势（特长），稍后再进行宣传。

74 让顾客产生"我可以买更多"的心理

　　由于客观原因或心理因素，很多情况下顾客无法再购买。例如，在不提供保管服务的场所，商品又难以带走，手里塞满了拿不了，于是就没有购物的余地了。因此，掌握顾客所处的状况，消除购物的障碍是非常重要的。下面我们提出可以使顾客购买更多商品的好方法。

327 举行回购旧品的宣传活动

例▶套装折旧活动　▶"回购沉睡在您衣柜里的不用物品"

　　▶买入旧的○○并将商品券作为礼物赠送

Point◉在买入新商品的场合，回购顾客不需要的物品（不用物品），从而让顾客更容易购买新商品。

◉可使用折扣券（缩小对象商品的范围）或联票券购买不用物品，从而增加顾客在本店的商品购买。

328 将数件商品组合出售

例▶按箱（盒）出售　▶按套餐（将需要商品组成套餐）出售

　　▶集中购买○○个以上的话可享受合算的几折促销价

Point◉销售额上升的话，增大折扣的力度进行促销。

◉为以箱为单位、10 个为单位的集中购买设定更便宜的价格。

◉将顾客需要的数量或几个更方便的数量组成套餐并设定套餐价销售。

329 消费够一定金额即可享受免费配送服务

例▶买整箱的话可免费送货　▶提供免费送货服务的对象商品

　　▶每件购买○个以上即可免费送货

Point◉顾客的购买点数和购买金额增加的话可免费送货。

◉注重新鲜和较重的商品等，集中购买的话可提供免费配送的特惠。

◉明确标记通常的配送费或运费是多少钱，让顾客感到免配送费是一大优势。

330 配备购物篮或购物手推车

例▶在多个地方准备购物篮、手推车　▶在入口处亲手将购物篮或手推车递到顾客手里　▶将重的商品置于手推车上销售

Point◉为了让顾客将几件商品集中购买,在卖场各处配备购物篮和手推车。

◉对于本身很重的商品而言,可完全放入手推车,可在商品本身加上把手,在商品底部装上小轮子,使用多个手推车等方式来使运送更容易。

331 为带孩子的顾客配备婴儿车等

例▶准备婴儿车的放置场所　▶购物用婴儿车

▶可供 2 人乘坐的婴儿手推车　▶可放置婴儿车的手推车

Point◉为使带孩子的顾客悠闲地购物,配备附带购物篮的婴儿车或婴儿手推车等。

◉为使小孩可以玩乐,在婴儿车里附带玩具或会叫的玩具。

332 配备可供孩子玩乐的儿童乐园

例▶提供孩子们的暂时看管服务　▶儿童(幼儿)广场

▶游戏角　▶玩具(积木)角

Point◉为了让带孩子的顾客悠闲地购物,在父母可以看到的场所准备供孩子玩乐、消遣的儿童区。

◉在儿童区布置图画书、漫画和积木等,通过显示器播放动漫供孩子观看。

333 配备存包柜、随身行李存放处

例▶免费存放柜　▶冷藏需要冷藏的商品

▶冷藏商品的保存专柜　▶行李暂时保存角

Point◉为了让已在其他商店买了东西的顾客更容易买新的东西,提供随身行李的暂时寄存服务和免费存包柜等。

◉在商品注重新鲜度的情况下,探讨准备保冷空间提供材料的冷藏服务。

75 将迫切希望顾客做的事用语言传达

你的目的就是要顾客采取某项行动。首先,明确最想让顾客采取的行动,同时解除顾客的顾虑。其次,在与顾客的接触中,将目的行动用更具体、更简明易懂的语言直接告知顾客。

334 告知顾客真诚期待他的下次光临

例▶ "请一定要光临" ▶ "请允许我们下次为您提供○○服务"

▶ "由衷期待您的再次光临"

Point ◉ 通过传达表示行动的语言将顾客的下次来店直接联系起来,将想要其做的事给顾客留下印象。

◉ 准备一些能让顾客对下次来店的行动留下印象的话随时使用。

◉ 将"真心这样认为,衷心希望"这样的心情表现出来。

335 邀请顾客下次一定要尝试或订购某件商品

例▶ "您想要再尝试○○吗? 如果再尝试的话……"

▶ "本店(主厨)推荐的○○请一定要××"

Point ◉ 即使顾客还没到购买的程度,为了让其产生想要尝试一次的心情,就要让其自由地试用并传达很想让其尝试这一点。

◉ 顾客还没有体验的话,为了让顾客尝试,要明确告知顾客"这是非常想推荐给您的新产品"。

336 可即刻进行电话、订购、预约该商品

例▶ "请即刻问询"   ▶ "请即刻申请"

▶ "首先请光临一次" ▶ "请随意洽谈"

Point ◎为了促使顾客迅速采取希望的行动,直接提出与行动相关的语言。

◎准备并说明为何想让顾客迅速采取行动的理由。

◎准备一些希望顾客采取行动的话语。

337 首先,请顾客尝试(体验)一下

例 ▶"请尝试真正触摸一次"

▶"首先,请感受○○的不同"

▶"请尝试品味○○的感触"

Point ◎对于最初想要顾客做的事,要给顾客以非常自由完成的印象。

◎将顾客进行的实际体验、感受、触摸等用宛如理应如此的表达体现出来。

◎因为购买的东西一定要认真考虑,首先可将想要○○试一下的心情传达出去。

338 最后,让顾客一定记住要点

例 ▶"这件商品最重要的要点是○○"　▶"请一定要记住"

▶"请一定要记住关键词'○○'"

Point ◎在与顾客最后的接触时,将想要顾客记住的信息简明易懂地传达。

◎将想让顾客记住的内容、关键词、话语等,怎样更好记就怎样简明易懂地传达。

◎最后将重要的信息给顾客留下印象。

339 请顾客一定要抓住这次机会

例 ▶"请别错过这次机会"　▶"今天是最后的机会"

▶"这样的机会不会再有第二次了"

Point ◉ 告知顾客现在有机会的话进行○○绝对非常好。

◉ 告知顾客因为这次机会是最后的机会,为了不因错过机会产生损失请一定要○○。

◉ 在最后再一次传递信息。

76 让顾客的下一个必需行动变得简单易行

顾客做完一件事后,接下来的行动常常是可以预料的。不管是因为下一步需要做什么,还是顾客潜意识地选择做什么,顾客的接下来的行动几乎可以说是确定的。因此,我们应当事先应对,将顾客的下一步行动变得简单,让顾客能更自然地进行下一步。

340 向顾客售卖(介绍)后续必需品

例 ▶ 介绍饭后饮料和甜点

▶ 销售购买者接下来需要的东西(例如保险)

▶ 销售关联书籍

Point ◉ 将顾客"接下来需要什么东西""接下来想要采取什么行动"标示出来。

◉ 考虑能否在该行动中提供服务、销售商品。

◉ 考虑将关联商品和服务按照怎样的顺序联系起来,并沿该流程的顺序介绍。

341 向使用者分发使用指南(向导手册)

例 ▶ 简明容易理解的指导手册

▶ 这就够了! 简单的使用指南

▶ 制作容易受欢迎的向导手册

Point ● 为了使已购买的顾客可快速简单地使用商品,制作指导手册。

● 考虑设置详细的使用指南和简单的指导手册 2 种配套组合。

● 在说明使用方法简单明了的指导手册中,增多照片和插图,原封不动地使用商品说明。

342　告知顾客订购的任何相关事项即可免费咨询

例 ▶ 设定免费的售后服务期限　▶ 举办免费的任何话题都可以交流的会　▶ 设定○○一切都可谈论的日子　▶ "○○请自由讨论"

Point ● 举办关于购买商品或服务的免费讨论会,并增加购买后随时受理免费谈论等服务,以此来吸引顾客。

● 购买后如果遇到困扰,将有免费的售后服务,以此来传递给顾客安心感。

343　提供各种手续的代办服务

例 ▶ ○○申请代理服务　▶ ○○接线代理服务　▶ ○○旅行筹备代理服务　▶ 烹饪筹备代理服务

Point ● 考虑引入顾客需要的各种手续的代理服务。

● 将顾客自己要筹备的东西和要做的工作写出来。

● 考虑能否与提供各种代理服务的公司组成合作伙伴。

344　将必需物品做成套餐(服务)

例 ▶ 将必需的道具(工具)做成套餐　▶ 将所有必需材料做成套餐　▶ 将材料和工具做成套餐　▶ 不费事的○○附加套餐

Point ● 在顾客购买某件商品后,考虑是否还有其他的必需物品

● 增加该商品的必需品,将必需品做成套餐加上"○○套餐"之类的简明易懂的名字进行销售。

● 将买套餐"有什么乐趣""是怎样合算的套餐"明确传达出去。

77 为顾客提供"选择项"

　　即使只推荐一个好东西,顾客在决定上也会有犹豫。这是选择行为本身存在的。顾客在从几个选择项中进行选择时,会感到满足,减少对失败而感到的不安。一定要为顾客准备几个选择项,直至其进行满意的选择。

345 反复询问顾客"哪一个可以?"

例▶ ▶通过选择推进促销进程

　　▶反复询问顾客哪一个可以

　　▶请顾客选择 1 个喜欢的

Point ◉将顾客从 2 个选择项中选择喜欢的那一个作为目标进行引导。

　　◉通过顾客从几个选择中进行选择,减少选择失败的不安感。

　　◉探讨将选择项设为 2～3 个。

346 坚持为顾客准备两个以上的选择

例▶ ▶请顾客从 3 个选择项中选择 1 个喜欢的

　　▶准备几项符合顾客希望的商品

Point ◉在顾客决定购买前,提出 2 个以上顾客想要比较的商品,通过展示产品的差异,帮助顾客从候选项中选择,从而给顾客带来踏实感。

　　◉在请顾客选择时,必须提出多个候选项。

347 为顾客准备价格段不同的商品

例 ▶ **200 元、300 元、500 元等选择**

▶ **将原材料有些许不同的商品分价格段销售**

▶ **A、B、C 3 个价格选择**

Point ◉ 试制造内容类似的商品或服务,提供不同的 3 个商品。

◉ 通过准备不同价格段的商品,对顾客选择赋予影响,使顾客单价上涨。

◉ 设置价格段不同商品或选择的场合,从选择的名称使其价格段更容易给顾客留下印象。

78 为顾客展示行动的范本

在任何人的成长中,都是从小孩开始,进行模仿从而掌握学习习惯的。所以,引导顾客达到目的的简单方法就是在眼前尝试去做(演练)。将行动的范本更简单地展现在面前。思考希望顾客的行动到底是什么?并迅速将该行动进行演练、展示出来。

348 现场为顾客展示行动的范本

例 ▶ **要触摸的东西就进行触摸展示**

▶ **要按一个键的话就展示按键"啪"**

▶ **打开门进行展示**

Point ◉ 通过代替顾客的行动进行演练展示来带给顾客疑似体验般的印象。

◉ 将简单的操作展示出来。

◉ 在为顾客展示行动时,有效利用拟声词以带来感染力,传达简单感。

349 为顾客展示其他顾客咨询（购买）的视频

例▶ ▶展示顾客的问询场景

▶展示顾客的提问（申请、购买）场景

Point ◉将其他顾客购买、问询的场景用真实录像展示出来。

◉将与顾客商谈顺畅的场景录像展示出来。

◉将想要顾客做的理想的行动通过其他顾客的录像展示出来。

350 为顾客展示书写订单（申请单）的相关事项

例▶ ▶展示几人的申请书填写例

▶展示申请场景

▶制作几个订单填写的模板

Point ◉将填写订单和合同书的场景的录像展示出来。

◉将几个顾客的合同书和订单作为样本进行展示。

◉将订单填写等的几个顾客类型组合做成模板进行展示。

351 简洁地为顾客展示使用（操作）的相关事项

例▶ ▶真正现场制作、组装

▶对简单操作进行演练

▶展示新人进行的工作和录像

Point ◉将任何人都可以简单完成的○○，进行实际简单演练展示，以此带给顾客体验。

◉将新人和一般顾客实际操作或烹饪的场景录像，并将录像展示给顾客。

◉将"虽然简单完成，但因为是○○而感到高兴"和并不简单地存在的正面价值传达出去。

79　在问询中发现最大的商机

在问询时,你知道来自顾客的接近方式吗?如果顾客有感兴趣或想要了解的东西,就会自己开始询问。因此,好不容易降临的机会绝对不能让它逃走。现在开始马上考虑有效利用这次机会的方法。然后,让顾客也认为,这是一次机会。

352　对来电问询的顾客要及时电话回访

例▶ ▶一定要认真倾听来电咨询的事件

　　▶要认识到来电是最大的机会

Point ◎如果来电一方是付费电话,我方基本上要重新回电过去。

　　◎通过重新拨打电话,正式询问电话号码,请顾客放心地进行长时间电话交流。

　　◎将电话回访定位为潜在顾客的欢迎方式。

353　在电话中进行简单的问卷调查

例▶ ▶制作 3 分钟电话问卷

　　▶在电话问卷的条目上把重要的顾客信息标出优先顺序

Point ◎将来电问询的顾客视为潜在顾客,询问其最低限度想要了解的项目。

　　◎通过反复问顾客合适的问题来探寻顾客所需要的是什么。

354　对于在问询中即达成交易的员工付额外的报酬

例▶ ▶电话达成交易的话可领取报酬

　　▶仅针对电话问询可得到报酬

Point ◉ 将问询的顾客看成非常有可能的潜在顾客。

◉ 如果员工有来自顾客的问询，给予员工公司内部特惠。

◉ 对于问询的顾客来店或索要资料的话，给代理员工增加报酬。

355 问询期间进行销售推荐

例 ▶ 制作可快速送达问询方的资料和传单

▶ 事前决定对问询方的推荐的东西

Point ◉ 对于问询的顾客，留心向其推荐当前商品和菜单。

◉ 事先决定几个问询时的推荐商品和服务。

◉ 针对问询，提前训练怎样的促销流程，并和实际促销有联系。

356 为电话预约的顾客附赠特惠

例 ▶ 电话（邮件）预约的顾客附赠特惠　▶ 电话预约○○折

▶ 配备仅电话预约有的特别服务

Point ◉ 告知顾客通过电话预约或申请可得到特惠。

◉ 告知顾客电话预约有特别折扣。

◉ 告知顾客仅电话预约有特别服务，事先准备特别服务的内容。

357 为来电咨询的顾客提供特惠（纪念品）

例 ▶ 仅问询可赠送○○礼物　▶ 问询可享受○○免费

▶ 打电话的话可免费选择

Point ◉ 顾客打电话问询时，在以该电话进行预约的情况下，告知顾客准备有特别优惠并确认预约准确无误。

◉ 告知顾客仅对电话问询的顾客准备特别优惠，并将此优惠的价值明确展示出来。

感受价值

目标

注意

刺激欲求

信息

目的性的行为

持续的满足感

358 将与特惠有关的关键词在电话中传达给顾客

例 ▶ 将打电话来的话可享受○折的口号传达给顾客

▶ 通过电话告知来店时可享受○○服务的关键词

Point ◉ 对于问询的顾客，通过告知其来店即可得到特惠来诱导顾客来店。

◉ 如果问询的话，考虑为了得到特惠而获得秘密关键词的策划案。

◉ 将为了得到特惠的关键词作为想要传达的宣传语。

359 准备特别的电话菜单服务

例 ▶ 如果不打电话的话就不会知道特别菜单

▶ 只告知打电话的顾客特别套餐

Point ◉ 准备只告知打来电话的顾客的特别商品或菜单。

◉ 准备只有打来电话的人知道的幸运特惠、惊喜特惠等。

◉ 准备特别服务或折扣等作为给打来电话的顾客的特别谢礼。

80 无论如何请顾客先尝试

　　顾客在意识到要购买时，因为不知是否会后悔或失败而感到不安。因此，哪怕只是为了减少一点点的不安，也要进行尝试。只有顾客实际去尝试，才会有安心感，会不由得连计划外的东西都想要买。那么，现在就快让顾客自由地尝试吧！

360 在试行的宣传活动中增加有吸引力的特别优惠

例 ▶"尝试申请即可赠送特惠○○作为礼物"

▶"尝试○○活动！从申请人中抽取然后将××作为礼物赠送"

Point ◉考虑仅需试用就可得到○○的企划，并准备目标客户想要的特惠。

◉将作为尝试对象的商品魅力简明地传达出去，并将"这是尝试如此有魅力的商品的绝佳机会"表达出来。

◉将试用活动的应征者作为重要的潜在客户，并将说不尽的详细的商品特长和魅力传达出去。

361 配备试衣间

例 ▶在试衣间区域配备多个试衣间

▶在试衣间区域用简明易懂的标志标识出来

▶给在试衣间的顾客也推荐其他商品

Point ◉将试衣间分散配置以使顾客能自由地试衣服

◉为使试衣间、试衣角的区域能够醒目地、轻松地被找到，可在高处设置标记。

◉将想要试衣服的顾客作为购买可能性很大的潜在客户，也可推荐其他商品等调整方案。

362 在多个场合配备穿衣镜

例 ▶在多个场合配备可移动式穿衣镜

▶设置角度可变的镜子

▶配置多个手镜

Point ◉在顾客进行商品选择的周边区域尽量多地配置镜子。

◉要意识到顾客在商品入手后会在意自己是怎么样的。

◉在方便顾客确认试穿效果的地方设置镜子。

感受价值

目标

注意

刺激欲求

信息

目的性的行为

持续的满足感

363 提供商品的实物（样品）

例 ▶ "免费赠送 1 份商品样品"

▶ "免费赠送××给先到的○名顾客"

▶ "初次到访的顾客享受仅初次○○免费"

Point ◉ 考虑能否将商品本身作为试用样品进行提供。

◉ 考虑通过提供商品接触潜在客户，为顾客制造可实际尝试的机会。

◉ 将商品或服务本身的价值简明易懂地传达出去，并提供给顾客。

364 举办试品尝活动（大会）

例 ▶ ○○试吃派对　▶ ○○尝试大会　▶ ○○免费体验活动

▶ 免费○○体验会　▶ 免费○○体验区域

Point ◉ 通过举办商品或服务的免费尝试活动聚集潜在顾客并进行接触。

◉ 准备大的会场作为免费体验的场所，在聚集了大量人群之地进行宣传，会场的选择要便于到达。

◉ 准备免费体验之外潜在顾客可享受、感兴趣的特惠的活动。

365 准备试用品

例 ▶ "赠送试用尺寸的商品"　▶ "免费赠送一周分量的○○"

▶ "免费试用套装"　▶ "免费使用套餐○○"

Point ◉ 提供顾客可随意带走的试用品。

◉ 将试用品定为能够感受到商品优势和价值的尺寸，并明确告知顾客可以随意带走。

◉ 就试用品而言，必须要增加就商品本身的价值和特长的简明易懂的介绍。

366 征集免费体验的评论员

例▶▶会员免费试用　▶评论员可享受 1 个月免费　▶"募集 1 个周试用套餐的参加者"　▶"征集○○可免费的××模特"

Point◎募集可进行实际免费体验商品或服务的评论员,从而聚集潜在客户。

◎请评论员作为潜在客户进行实际体验,听取潜在客户就商品本身的感想和评价,并将这些内容作为广告等最大限度地有效利用。

◎对募集遗漏的人也赠送与商品有关的其他特惠。

367 对首次使用费用进行全额积分返还

例▶▶"初次购买的顾客可享受返现金活动"

▶"初次享用部分的半价可通过商品券进行返现金"

▶全额返现金活动

Point◎为了降低初次购买或申请的障碍,准备初次购买全额返现金这样的特惠,从而为潜在客户提供体验的机会。

◎对于初次利用者,将商品的优点和价值简明易懂地表达出来。

◎返现金的内容只能在店内以联票券方式使用,从而将其和二次消费联系起来。

81　先尝试让顾客购买少量商品

　　在考虑是否要初次购买某商品或服务时,往往会受心理障碍的干扰。如果不跨越这个障碍就没法进行购买。即使顾客决定购买的是小额商品,也只有跨越了这个障碍,才能降低顾客对追加选择或晋级商品的抵触。无论是什么样的商品,首先要做的是让顾客决心购买。

368 配备面向入门者（初学者）的低价商品

例 ▶"○○初学者套餐"　　▶"面向初学者易于着手的课程"

▶"○○轻松入门的课程"　　▶"初次的○○课程"

Point ◉将面向初学者的商品价格定位为低价，以降低初次购买的障碍。

◉制作最初 3 回的费用都可享受低价折扣的课程，从而使初次购买变得容易。

◉将面向初学者的课程和初次购买的顾客很合算这一点简明地表现出来。

369 将基本费用降低并有选择性

例 ▶"自由享用○○，基本费用仅××"

▶"基本费用为○○元（不怎么实用），稍后再使用的话仅××"

Point ◉将带有最低限度性能的商品价格设定得更便宜，顾客可再根据喜好追加选择，则可再追加别的费用。

◉设定让人感觉到很便宜的基本费用，并且告知顾客即使是基本的内容也十分有魅力。

370 让顾客可以随意购买小份、少量、低价的商品

例 ▶"先尝试 1 个吧"　　▶"少量○克的试用商品"

▶一口量的试用商品　　▶试用的小型尺寸○○

Point ◉将商品切分成部分、小型化的部分、少量的部分、缩短时间的部分等作为特别商品进行低价销售。

◉将小型化的商品价值充分传达，从而使顾客可以轻而易举想象本来的商品的价值。

◉将商品或服务内容同样缩小化。

371 将价格段按低价依次排序

例 ▶将价格段分别按 A、B、C 等套餐（类型）划分

▶"最开始从最便宜的○○套餐开始"　　▶"从低价的○○开始"

Point ◎ 将商品价格段从低到高排列，按照价格顺序，商品内容的水平也逐步提高。

◎ 给人以低价开始的基本流程的印象。

◎ 一定要形成从低价开始介绍、开始销售的体系。

372 为初次购买的顾客设置试用价和特惠价

例 ▶ 仅限初次购买的特别折扣价 ▶ 仅限初次购买顾客的试用商品（套装） ▶ 仅限初次顾客的价格

Point ◎ 设定仅限初次购买顾客的特别价格、尝试价格等，并告知顾客该价格的便宜所在。

◎ 准备仅初次购买顾客可得到的特惠，并将该特惠的魅力简明地告知顾客。

◎ 将初次购买特惠的内容有何魅力以及"本次购买是难得的机会"完整地传达给顾客。

82 让结账更便捷

决定想要购买的商品，并打算购买的话，就要等待支付费用的手续了。但是，因为高价商品是否可以采用分期付款或信用贷款等，顾客又出现了犹豫。因此，为使顾客可通过各种方法或条件付账，应创造更容易购买的环境，并将付账的便利性明确传达出去。

373 可使用信用卡和分期付款

例 ▶ 受理信用卡付款 ▶ 设置分期付款的方式
▶ 配备贷款制度 ▶ 增加支付次数等的选择项

感受价值　目标　注意　刺激欲求　信息　目的性的行为　持续的满足感

Point ◉ 将含有信用卡支付和分期付款等制度明确标示出来。

◉ 在采用分期付款的情况下,将每月的支付额样本展示出来,并告知顾客分期付款的负担金额意外很少。

◉ 设置支付次数等选择项供顾客选择。

374 让各种手续费更便宜

例 ▶ 贷款手续费全免　▶ 存钱手续费全免　▶ 利息手续费全免

▶ 配送手续费全免　▶ 组装手续费全免

Point ◉ 考虑能否将顾客购买时通常负担的各种手续费全免。

◉ 将各种手续费全免这一优势简明地传达出去,并告知顾客"不利用这次机会的话就会吃亏"。

◉ 展示各种手续费全免的话是多么合算。

375 可使用电子货币等各种卡别进行支付

例 ▶ 可通过各种商品券进行支付　▶ 可通过邮票或高铁次数票等进行支付　▶ 受理各种电子货币

Point ◉ 可通过各种结算方法和各种卡别等多种方式进行支付。

◉ 不论是哪种结算方式、支付方法都向顾客简明易懂地介绍。

◉ 试考虑特别商品和代金券也可支付的条件和方法。

376 使顾客的下回购买更为简便

例 ▶ 网络会员只需一个按钮即可购入　▶ 只需一个签字即可购入

▶ 只需一个电话即可购入

Point ◉ 已购买过一次的顾客,考虑在其下次购买时用更简单的支付方式。

◉ 考虑能否从下次购买开始按仅需一个按键、一通电话、一个签名等就可支付的程度简化。

◉ 将"下次的购买非常简单、便利"这点简明地传达出去。

377 受理银行账户自动划账

例▷ ▶每月利用费用进行银行自动划账的话更便宜　▶每月基本

费用可进行银行自动划账　▶○○会费可使用银行自动划账

Point ● 如果有定期产生的费用,可选择从账户自动划账。

● 会费等每月支付的定额费用可选择银行账户自动划账和一年一次交清等方式。

83　让顾客进店更方便

　　对于商店,你可能也有过"容易进店"和"难以进店"两种感觉。在众多商店林立之下,让商店自身"容易进"会对顾客是否进入该商店产生很大的影响。所以,为了让顾客感觉容易进店,尽量从氛围和客观条件等考虑更易于进店。

378 提前打开入口的大门

例▷ ▶将入口固定为开放状态　▶将入口打开并设置顾客可见的

空座位　▶在入口的脚下设置明亮的颜色

Point ● 保持入口周围的氛围开放,员工不要站在入口的正面。

● 保持入口大门开放状态,使入口周围更明亮。

● 在入口周围照明,将墙壁和地板的颜色明亮化。

379 让顾客在入口处即可看见店内的情形

例▷ ▶使入口透明化(玻璃、薄纸板)　▶整理入口处占地的障碍物

▶将店内的状态通过监视器展示出来

Point ◉ 从入口到店里面不要设置障碍物,使从入口到店内都可看见。

◉ 使热闹的店内场景的监视器在入口即可见(也可放映过去拍摄的店内热闹的景象或陈列或厨房的样子)。

380 尽量取消入口和通道的台阶

例 ▶ 设置斜坡　▶ 将台阶的一半加工成斜坡

▶ 增加扶手　▶ 对入口的台阶设置地毯等

Point ◉ 在入口部分去除面向入口的通道的台阶,以便婴儿车等顺畅进入。

◉ 去除入口和店内的台阶,使顾客可以在店内更顺畅地行动,将这一点用记号或信号标示出来。

◉ 将有台阶的部分作为应急措施附上地毯等。

381 在入口前的通道设置显眼的横幅

例 ▶ 加宽入口部分的通道　▶ 给入口处照明

▶ 给入口处铺上颜色明亮的地板

Point ◉ 将入口的道路加宽,使入口更明显。

◉ 给入口本身照明使其明显。

◉ 在入口处播放音乐或充满现场感的店内声音,通过闪烁照明等凸显出来。

382 在入口的行进方向用箭头标明

例 ▶ 在入口处立有箭头"→"的告示牌　▶ 标出"入口在这里"

▶ 标出"请自由进入"

Point ◉ 在入口周边或入口可见的地方加上箭头"→",作为入口引导的标记。

◉ 在入口及入口周边标示更容易进入的信息"请进"等。

◉ 在大通道或人流量大的地方,标示出表示本店存在和地址的记号。

84 使申请（订购、购买）更加简便

你一定也有想要购买但是难以明白订购方法或者因为手续复杂而放弃购买的经验吧。即使顾客想要购买（申请、订购），如果感到购买方法"难懂""困难"，那么可能很容易就放弃了。因此，尽量使申请（订购、购买）可以简单完成。

383 配备多种申请方式（方法）

例 ▶电话申请 ▶传真申请

▶邮件申请 ▶网页专用表格申请

▶邮政明信片（邮寄）申请 ▶申请专用卡

Point ◉充分考虑各种申请手段和方法，并尽量受理多种多样的申请方式。

◉通过电话、传真、网页等顾客经常使用的方法使申请变得更简单。

◉明确标记可能使用的申请方法或手段。

384 配备书写简洁的申请专用表格

例 ▶准备使申请更简单的专用申请书

▶制作回答问题即可自动生成申请书的系统

Point ◉为使各种申请更简单，可制作申请专用的简单表格（问卷）。

◉结合顾客的情况，预备多种申请表格的范本（填写范例）。

◉为使填写更简单，设法以提问、选择等形式进行。

385 会员登录、订购时显示历史购买的数据

例▷ ▶将每次填写的不同东西的数据进行整理并在下次申请时反映出来　▶将上次订购的数据信息交给顾客

Point ●在申请过程中,为减少顾客填写或输入的麻烦,在会员登录等情况下对上次的交易历史和住址等信息自动默认。

●考虑使用让顾客在申请时能同时工作的系统。

●告知顾客"如果是会员登录的话,申请会变得简单"。

386 可使用菜单编号（记号）进行订购

例▷ ▶将所有菜单编号,顾客从而可使用编号进行订购

▶可通过字母表等进行订购

Point ●考虑能否通过将商品、服务或选择编号（或记号）来实现简单订购。

●给所有商品标上字母或连续编号。

●制作按照类别整理的商品一览表。

●即使通过编号完成订购,也要确认商品名的订购内容。

387 顾客可通过终端进行订购

例▷ ▶准备申请专用的终端机　▶可通过手机完成订购

▶可通过按客人座席的按钮轻而易举地完成订购

Point ●试考虑在顾客席无法呼叫员工的情况下的可行订购方法。

●准备订购用的终端机或带触摸式键盘画面的显示器。

●对于经常订购商品的追加订购,可通过创建"一键完成"订购。

388 使用菜单制作订单表

例▷ ▶制作只需填入印章或数字就可完成订购的订单表

▶通过传递订购卡（票）完成订购

Point ◉ 准备一份带有菜单列表的订单表给顾客。

◉ 为每个菜单准备订购卡或订购票,并放在指定场所便于顾客完成订购。

◉ 使订单表更简明易懂,并添加推荐商品或日常用品。

85 给顾客展示该商品很畅销的证据

你在选择什么的时候,肯定会留心什么畅销,然后不由得买了畅销商品。畅销品拥有它特有的畅销力量。对于畅销品,要将代表其畅销的"压倒性证据"展示出来,告知顾客"正在热销"。

389 如实地向顾客传递库存减少的信息

例 ▶ 及时反映库存减少的状况

▶ 用"还剩○个"表示库存剩余数量

▶ 将昨日卖出个数表示出来

Point ◉ 如实更新因其他顾客购买而致库存不断减少的状况并展示出来。

◉ 通过商品的连续畅销,将商品的销售额不断增长的情况用画面展示出来。

◉ 将昨日销售额和过去3天的销售额置于商品说明的周围进行凸显。

390 将即将售罄的商品展示出来

例 ▶ 用"已售罄""已卖光"等词表示全部售完

▶ 将已售罄商品用一览表展示出来

▶ 在最开始告知顾客已卖光的商品

Point ◉ 因有人气而被卖光的商品,不消除其画面和商品目录,迅速在卖光的商品上贴上简明的标签并展示出来。

◉ 处理不断售罄的人气商品本身就对增加访问起作用。

◉ 在售罄商品的周围,陈列类似商品或其他推荐商品,从而让顾客最终购买。

391 将订购数额和预约数额等信息展示出来

例 ▶ 现在的预约数(订购数)展示板

▶ 制作现在预约状况一览表展示给顾客

▶ 随时更新现在的订购数

Point ◉ 将每个商品的来自顾客的预约数和订购数展示出来供所有人参见。

◉ 展示本日顾客数量,从而传达洽谈之多。

◉ 将本月销售额的顾客信息以及购买商品等简明易懂地展示出来。

86 行动越早、获利越多

如果顾客采取同样的行动,就想要获得最大的优惠。因此,准备顾客能感受到价值的特惠,告知顾客:如果想要该特惠,最好尽早行动。同时,明确告知顾客:就该特惠而言,越早行动优惠力度越大,行动迟了可能就没有了。

392 为早期购买(订购)的客户提供特别优惠

例 ▶ "早期申请的话赠送○○礼物"

▶ "事先申请的话选择○○免费"

▶ "早期购入的话○折"　▶ "事先申请的话手续费全免"

Point ● 就事先申请或正常销售开始前等早期申请设定特别价格。

● 早期申请或早期购入的特惠除价格方面以外，还准备价格不可代替的特别纪念品。

● 将提前申请（购入）和事前购入以及当天购入的价格差明确表示出来。

393 为先申请的○○名顾客提供特别优惠

例 ▶ "仅先到的 100 名顾客可享受 7 折"　▶ "为先申请的 500 名顾客免费赠送○○礼物"　▶ "为先购入的 1000 名顾客赠送○○券"

Point ● 考虑能否按申请的先后顺序置换成价格来准备罕见的特惠。

● 限定先到特惠的数量，设定如果不尽早的话就赶不上的数量。

● 分数次举办带有先到特惠的促销活动。

394 设置专门的预售商品（预售券）

例 ▶ 制造面向预售的商品　▶ 带有预售特惠的商品

▶ 将预约券（票）作为特惠促销

Point ● 准备只有预售或事先申请才能买得到的特别商品。

● 企划预约销售专用商品、事先申请专用商品等，并进行限量销售。

● 购买某个商品的话，赠送其他商品的优先购买权（预约券），从而将两种商品的销售关联起来。

395 根据申请的先后设置特惠的幅度

例 ▶ 按照申请顺序可选择○○作为礼物　▶ 按照申请顺序赠送顾客喜欢的○○　▶ 按照申请顺序可选择喜欢的席位

Point ● 越早申请越可优先得到特惠（可按照申请顺序选择席位，可优先选择好的席位、喜欢的项目、商品等）。

● 试考虑越早申请越优先得到的特惠是什么。

● 分数次举办带有先到特惠的促销活动。

感受价值

目标

注意

刺激欲求

信息

目的性的行为

持续的满足感

396　申请越早折扣越多

例 ▶ 在早期折扣（早期申请）特惠期间增加阶段性的差异

▶ 半年前折扣　　▶ 1 年前的折扣

▶ 3 个月前的折扣　▶ 1 个月前的折扣

Point ◉ 申请越早价格越便宜，根据申请时期设定价格、设定折扣。

◉ 根据申请日专门设定有很大差异的价格。

◉ 将根据申请时期的价格差简明地表示出来。

87　为顾客提供购买的契机

即使顾客想要进行某项行动，但也不会立刻就去做，这是很常见的。让顾客更顺利地去行动，需要一些契机。因此，要给予推动顾客行动起来的契机。什么都好，要让顾客意识到去行动，准备成为行动契机的东西，从而引导顾客顺利地去行动。

397　向顾客传达其他顾客的购买前后的实际业绩

例 ▶ 告知顾客关于刚刚购买的顾客的信息

▶ 告知顾客正好今天打算购买的顾客信息

Point ◉ 告知顾客之前购买的顾客信息（什么样的顾客、购买了什么样的商品）和现在正好打算购买的顾客信息。

◉ 随时对其他顾客的最新购入信息进行展示。

398　在提供服务的途中将为顾客介绍新的其他菜单

例 ▶ 只在中途推出的特别菜单　　▶ 最后推出的特别菜单

▶ "仅对订购○○的顾客推出的特别菜单"

Point ● 在顾客享受提供的服务的中途推荐特别菜单。

　　　● 准备仅对订购某商品的顾客推荐的特别菜单。

　　　● 将普通菜单和特别菜单的区别和意义明确传达给顾客。

399 让顾客了解其他顾客的订购内容

例 ▶ 了解其他顾客的订购状况　▶ 将今日订购数贴于墙壁

　　▶ 在周围可以听闻订购内容

Point ● 让顾客了解到、看到其他顾客订购的商品是怎样的。

　　　● 将现在正畅销的商品与其数量即时展示出来。

　　　● 大声喊出订购商品的名称和数量,也传达给其他顾客。

400 向顾客提问"(有追加订购)○○需要吗?"

例 ▶ "追加订购如何?"　▶ "需要本日推荐的特制甜点吗?"

　　▶ "需要最近的人气之选○○吗?"

Point ● 留心要定期问候顾客。

　　　● 准备可以自然使用的如推荐商品的指南之类的工具。

　　　● 制作几种围绕在顾客中很有人气的商品或追加项目的菜单目录,并伺机传递给顾客。

401 仅为当日购买的顾客准备有吸引力的特惠

例 ▶ "仅对今日购买的顾客提供极好的特惠"　▶ "今日签约的话选择○○可免费"　▶ 仅针对○日的特惠

Point ● 仅对今日申请或购买的顾客提供有魅力的特惠,并强调明天就没有特惠了。

　　　● 告知顾客仅针对当日有的特惠。

　　　● 让顾客感觉到特惠是除降价以外的一大优势。

402 **发放限日可使用的代金券（折扣券）**

例▶ ▶仅限当日使用的折扣券

▶仅限○日使用的 500 元代金券（商品券）

▶仅限今日使用的免费服务券

Point●将限定顾客购买当日可使用的折扣券、连票券、代金券等事前交给
顾客。

●准备可使某种商品或服务免费的免费服务券，并限定可使用日的
日期。

●在没有该折扣券的情况下，明确标示出平常的价格，以强调折扣券的
优势。

403 **举办可决定购买折扣的抽签会**

例▶ ▶"现场抽签！决定折扣！从最大折扣的免费到 8 折"

▶"最后的购买的挑战，暴跌的大幅折扣"

Point●举办仅购买者可参加的抽签会，通过抽签将最低折扣到最高折扣等
各种折扣的特惠派送给顾客。

●设定通过抽签得到的折扣的最高额的额度。

●设定一个让人十分喜欢的通过抽签得到的最低折扣额的额度。

88 为顾客拆除"最初的壁垒"

自己选择结果失败的话也会不高兴。所以，最初的东西和未
知的东西都如同"最初的壁垒"一般存在，常常让人感到不安和疑
惑。对于新客来说，为了缓和其不安而准备条件和特惠，要明确
说明即使他们选择失败也不会有什么损失。

404 首次可享受半价（免费）服务

例▶ ▶初次申请半价的活动　▶不论何时初次到店享受半价服务

▶对于初次购入部分免费

Point◉对于初次购买的顾客，准备商品或服务半价或免费的特惠。
◉对于初次购买或初次到访的顾客，准备很合算的给人印象深刻的特惠。
◉关于折扣价，在明确表示折扣前的价格基础上，简明易懂地展示商品本身的魅力。

405 初次购买的顾客可享受返现金活动

例▶ ▶"初次购买的顾客可享受半额（全额）现金折返的特惠"

▶初次购买额的基本费用现金折返

Point◉对于初次购买的顾客，准备购买后半额或大半金额的返现金的特惠。
◉仅部分费用可全额折返现金。
◉设法将折返现金的东西做成仅在本店使用的连票券，且只能分数次使用，从而增加顾客来店次数。

406 初次购买的 2 人付 1 人费用即可

例▶ ▶"初次到访的顾客，2 人合起来共付○○元的活动"

▶"仅限初次到访顾客可 1 人费用 2 人享受"

Point◉初次购买的顾客通过使 2 人合计费用更便宜、半价、免费，为新顾客准备大幅度特惠。
◉通过"2 人中任何 1 人免费（仅）"加深顾客的印象。
◉告知顾客"1 份费用即可 2 人享用"。

407 如若顾客不满意、保证提供无条件退款服务

例▶ ▶"您若不满意可全额退款"　▶初次购买顾客保证满意的服务

▶"不满意的情况下，费用全免"

Point ◉探讨能否实行约定万一顾客不满意则可无条件退款的满意保证。

◉对于不满意的顾客，尽量详细询问其理由，并迅速探讨改善策略。

◉坚持记录因为不满无条件退款的比例和其理由并进行分析。

408 ○月之间可享受免费服务

例 ▶半年间的月额费用全面

▶按照约定 3 个月费用全免随意使用

▶1 个月期间所有服务免费

Point ◉初次利用（购入）的顾客，在一定时期内可免费享用。

◉考虑自申请起 1 周免费、1 月免费、3 月免费、半年免费、自申请日起限 10 个（次）免费等众多特惠模式。

◉向成为免费的对象介绍商品的特长和正式价值。

409 设置"免费尝试时间段"

例 ▶1 周内免费试用

▶"从最开始的 1 周时间任何东西可免费试用"

▶" 自申请开始 1 个月不限次数免费尝试"

Point ◉设定可免费试用商品或服务的时间，时间结束后则进入正式购买阶段。

◉告知顾客其他试用对象在此期间感受的乐趣和魅力。

◉将在此期间感受到的最大程度的乐趣等，作为具体的最大价值表现出来。

410 为初次订购的产品提供免费服务

例 ▶"初次订购 3 件可免费"

▶"仅限初次订购顾客到第 2 次可免费○○"

▶"直到第 3 次课程免费"

Point ◉尝试为初次订购的顾客在订购商品或服务时提供数次免费的特惠。

◉告知顾客"您喜欢的○○初次订购限××回（个）免费"。

◉明确告知顾客所提供的特惠的真正吸引力和价值。

89 让顾客认为难以得手

　　即使是对于同样的东西，如果顾客感受到其稀有的价值，也会不由得想要。要时常思考，即使是同样的商品，有没有办法让顾客感受到其稀有价值呢？能否让其觉得难以得手呢？然后，准备能够具体体现出其稀有价值的根据和数据，灵活地表现出来。

411 展示为了买到商品的困难

例▶ ▶表现出终于得到该商品了（进到货）

▶将得手经历的辛劳传达出去

▶○○买主的辛劳故事

Point ◉将为了销售该商品，经历了怎样的辛劳、历经怎样的辛苦才最终进到货等辛酸故事表现出来。

◉将"为了进到货的辛酸故事""买主的零碎故事""员工的话"等作为吸引顾客目光的标题，告知顾客商品调配的辛苦和到货的困难。

412 展示商品脱销、售罄的情况

例▶ ▶"非常抱歉已售罄，缺货中"

▶"因为人气爆棚，商品脱销中"

▶"非常抱歉，因为蜂拥而至的顾客，商品持续脱销中"

感受价值 目标 注意 刺激欲求 信息 目的性的行为 持续的满足感

Point ● 如果出现商品进货不少,但还是脱销的情况,要将可预料的过于畅销的情形表现出来,同时提前写出下次预计进货的日期。

● 通过"因过于畅销○○""因蜂拥而至的顾客○○""因蜂拥而至的申请○○"等引起脱销的理由展示出来。

● 为了让顾客下次还想购买,针对脱销的商品,将更详细的商品说明和特长介绍简明地展示出来。

413 用具体的数据证明商品的稀有性

例 ▶ "全国仅到货○○个" ▶ "因天气影响今年 **80%** 上市已是极限" ▶ "犹如从 **1** 头牛身上仅取○kg"

Point ● 为了说明该商品的稀有价值,要用有根据或数字等的信息,即使少,也要有效利用。

● 不论怎样切入都好,要仔细考虑是否存在稀有的范围、领域、部分等。

● 如果有给顾客留下稀有的印象的理由或事实(情况),那么要有效利用之。

90 考虑让顾客接受的"购买的依据（理由）"

因为顾客是根据自己的感情和喜好来选择商品,那么就需要给这个选择合理的、可以接受的理由。以自己也能接受的理由去购买商品,当然想要购物更合算。越是高价的商品,越需要接纳它的特别理由。准备让顾客接纳的理由,并将其传达给犹豫不决的顾客。

414 换位成顾客思考购买的理由

例 ▶ "如果想到○○的话确实没办法啊" ▶ "如果○○的话果然还是该选择这个" ▶ "因为○○就买这个吧"

Point ● 在顾客购买后被问到"为何购买?"准备可以让顾客自信回答的理由。

● 将实现顾客购买的理由作为吸引人的广告语来灵活利用。

● 思考让顾客不知不觉就同意购买的理由。

415 让这个领域有信誉度的人进行推荐

例 ▶ 有名主厨○○赞不绝口的××   ▶○○专家自信推荐的××

▶ ○○研究所所长推荐

Point ● 有效利用与商品有关的领域,被称为该产品专业人士的名人、有关名人等对该商品或服务的推荐评论的表达。

● 一般而言,要将专家、研究人员、医生、律师、大学教授等对于商品的介绍在商品说明上进行有效利用。

416 告知顾客这样的机会不会再有第二次

例 ▶ 告知顾客可以销售的仅仅是现在的库存量了

▶ "现在已经计划下次不再进货了"   ▶ "这是最后的机会"

Point ● 使用"这是最后购买此商品的机会了,因此再不下手的话就会损失,会后悔的哟!"这样的表达。

● 告知顾客"现在不买的话,这样的机会,这么好的条件,都不会再有了"。

● 告知顾客"今后就没有机会了(○○的计划)"。

417 面向特定的人群宣传商品

例 ▶ "面向在意皮肤干燥的 40 多岁女性的保湿霜"

▶ "从公司下班回家想要自由运动的女性的○○"

Point ● 告知顾客该商品是面向特定条件的顾客的商品。

● 告知顾客:"如果您正好符合条件的话,那么这是非常适合您的商品"。

● 通过组合各个条件,缩小对象范围,从而让符合条件的人展示出强烈的兴趣。

感受价值 目标 注意 刺激欲求 信息 目的性的行为 持续的满足感

418 按照年龄、性别等设定价格

例 ▶ ▶ 儿童价格　▶ 小学生价格　▶ 初中生价格

▶ 女性价格　▶ 成年人价格　▶ 男高中生价格

▶ 女高中生价格　▶ 20 多岁价格

Point ◉ 根据年龄或性别设定金额，让对象顾客感觉合算的商品或服务不是同一价格而是有年龄差别、性别差别的价格。

◉ 如果是将某个团体的顾客作为目标顾客的话，设定团体对象觉得合算的特别价格。

419 告知顾客若再不行动就会有的损失

例 ▶ ▶"现在不申请的话，纪念○○就不可能再到手了"

▶"现在申请的话，可得到限量商品"

Point ◉ 将某行动的做与不做，而有怎样的"得"与"失"简明地告诉顾客。

◉ 将由某行动而得到的价值和损失具体展示出来，并将此内容直接传达给顾客。

◉ 告知顾客如果现在不行动的话，就没有意义了。

91 不要拘泥于销售类型

　　为了让顾客不论在什么地方、什么场合都产生想要某商品的想法，也要同样在任何地方任何场合制造销售机会。并不是片面否定销售方法，而是要通过自由的想法、自由的销售方法（方式）来进行考虑。只要你能让顾客感受到价值，让他感受到畅销，卖什么都可以，怎样的销售方法都可以。

420　让顾客不论在何种场合都可以购买

例 ▶进店的瞬间即可购买　▶在桌子上可购买　▶通过现金可购买

▶出店后也可购买　▶通过电话预约可购买

Point ◎尝试想出不选择时间和场所，不论任何场所（场景）都可销售、购买的点子。

◎考虑能否不拘泥于店内、店外进行销售。

◎顾客无法到店也可以通过电话、传真、邮件等进行购买。

421　销售半成品（还未完成的在制品）

例 ▶"○○最后加工的是您"　▶"因为您才最终完成的○○"

▶"只需稍费工夫就让专家都汗颜的○○"

Point ◎对于正要完成的商品和正在制作途中的商品（在制品），考虑能否结合一些意义进行销售。

◎未完成的商品，根据自己喜好完成，一定要明确传达顾客可按照自己喜好完成商品的价值所在。

◎把困难的工作做完，留下简单的制作部分给顾客。

422　销售瑕疵品，B 级商品，次品

例 ▶销售瑕疵商品　▶轻松地销售 B 级品

▶销售制作中出现的次品（没有任何品质问题）

Point ◎考虑能否将通常废弃的或是面向公司内部享受的瑕疵商品、B 级商品、次品等作为合算商品面向一般的顾客销售。

◎准备瑕疵商品专柜等特别场所，详尽说明没有品质问题的商品是怎样的。

423　销售制造中（加工中）的副产品

例 ▶将零头、多余的部分等进行销售　▶"将由面包的耳朵制作的○○进行销售"　▶"将提取的○○的精华进行销售"

Point ◉对于商品制造时产生的副产品和制作时产生的东西,考虑能否稍微加工制成其他新产品。

◉考虑销售"制造过程中的○○和××合起来加工而成的□□"这样的商品(通过加入别的东西,而变成了新产品)。

424 提供可租赁(分享)服务

例▶租赁○○服务 ▶○○分享服务

▶"困于整理场所的○○是否需要租赁服务" ▶出借○○服务

Point ◉在通常对顾客销售东西之前,考虑能否提供租赁或是分享服务。

◉不是商品本身,而是考虑能否将所提供的东西的一部分进行租赁或分享。

◉告知顾客环境和公司内部都非常偏爱的服务。

425 销售加工(烹饪)前的原材料

例▶烤肉店卖肉 ▶炸丸子店卖炸前的丸子

▶寿司店卖生鱼片原料 ▶饭店卖蔬菜

Point ◉如果能不拘泥于素材的话,考虑能否销售烹饪前或加工前的素材和原材料。

◉厨房准备的东西或加热前的东西等,考虑能否在各种操作的中途进行销售。

◉考虑能否将一直使用的原材料稍许加工变成别的商品。

426 将店内的招牌角色商品化

例▶有名经理或有名店长的角色商品化

▶将招牌商品或有名菜肴(菜单)等角色商品化

Point ◉考虑能否将本店的招牌菜单或招牌人物(店主、店长等)角色化,销售与其附带有关的商品(物品)。

◉考虑能否将招牌菜单或有名菜肴,以及店铺外观等本店的独有的东西拟人化、角色化。

427 提供厨师，技工的派遣（外送）服务

例▶ ▶招待派遣员工的服务　▶厨师（主厨）派遣服务

▶厨师（日本菜厨师）派遣服务　▶○○的专家派遣服务

Point●试考虑可否通过本店的优秀员工、技工、厨师的派遣或出差服务产生
出新的价值。

●将本店的员工在顾客面前展现的技术和本领是怎样的全部写下来。

●试想出"○○派遣（外送）服务"的点子。

428 出借店铺的一角或死角

例▶ ▶将店铺的通道等隔板作为卖场进行出借

▶将道路一角部分的空间出借　▶将入口旁边出借

Point●考虑能否通过将店铺的一角或死角的空间出借给目标客户类似的不
同行业公司，从而增加本店魅力或收集客源。

●尝试问询老顾客，对于将店铺的一部分出借的服务是怎样看待的。

●将所销售东西的价格简明易懂地标示出来。

429 出借公司的常用系统

例▶ ▶出借○○管理系统　▶出借○○简单的开放系统

▶出借○○提案系统

Point●考虑能否对其他公司有偿地出借员工管理系统、顾客数据管理系统、
顾客预约和订购管理系统等公司内部平常使用的系统。

●制作出借系统的内容和价格一览表。

430 开办独家窍门的收费补习班（讨论会）

例▶ ▶有偿承办○○应对的研讨会　▶承办某领域的职工进修

▶即使是新人也能快速完成○○的学习会

感受价值

目标

注意

刺激欲求

信息

目的性的行为

持续的满足感

Point ◉考虑能否开收费的讨论会,提供公司积累的或是职员积累的知识。

◉将积累的知识分种类制作一览表。

◉考虑能否承办其他公司的职员进修。

431　为顾客代购其他公司的相同商品

例 ▶向顾客代理销售其他公司的产品　▶对顾客想要的其他公司的商品进行中介销售　▶对其他公司的商品进行收费指导

Point ◉将顾客认为的同类其他公司的商品或服务是怎样的标出来。

◉探讨能否提供该商品或服务的代理销售。

◉为顾客指导其他公司的商品或服务,因而考虑能否向其他公司收费。

432　销售展品、退货商品、样品

例 ▶销售展示家具　　▶销售展示的装饰品

▶降价销售展示用品　▶低价销售多余的样品

Point ◉考虑能否将展示使用的商品、退货商品、仅包装破损的商品、体验用的样本商品等以低于普通价的价格进行销售。

◉一定要明确告知顾客,虽然是以破例的价格销售,但并没有任何品质问题,从而让顾客感到合算。

433　改变店内装饰和小物品的布局

例 ▶通过更换纪念的特别促销装饰品或饰物

▶将一直使用的○○作为购买商品的特惠赠送

Point ◉在改装时,如果不要店铺的招牌或小碟子、墙壁的挂画的话,探讨能否以低价售给顾客。

◉将店内的小饰物等作为老顾客一直关照的谢礼或特惠赠送,并试考虑顾客是否开心。

434 仅为购买者准备特别促销品

例 ▶ "仅本次购买者的特权！××元即可买到○○"

▶ "仅申请顾客可享受的特别促销"

▶ "限定购买者的目录销售"

Point ◉ 针对购买某商品或服务的顾客举办特别促销。

◉ 试将购买商品的关联商品或服务等以优惠价共同销售。

◉ 告知顾客因为是限定促销,推荐和销售的必要性(关联性)。

92 考量畅销商品的所属等级

如果调查理想的销售方法的话,经常会有包含多个决定性的销售阶段。就会包含让顾客顺畅直至购入的阶段。因此,了解在这个阶段都有什么东西,并重新审视每个阶段应该注意的事项,为使销售顺畅地进行下去而提前做好准备工作。

435 重新审视畅销商品的各个等级

例 ▶ 尝试以 3 个阶段组成畅销阶段

▶ 制作畅销的基本阶段

▶ 制作销售阶段的一览表

Point ◉ 彻底分析顺利畅销的流程并追求模型。

◉ 思考直至顺利畅销的流程有哪些必须阶段？并写出这些阶段。

◉ 确认每个销售阶段并写出必要的项目和内容,从而制作清单表。

感受价值

目标

注意

刺激欲求

信息

目的性的行为

持续的满足感

436 做出畅销商品各个等级的模型

例 ▶ 制作几个畅销必胜模型

▶ 多次练习顺利畅销的模型

▶ 举办畅销模型竞赛

Point ● 分析顺利畅销的成功事例,制作几个为了销售的必胜模型。

● 多次练习畅销必胜模型,将其完全消化成自己的东西。

● 将各个阶段的畅销模型汇集,供全公司共享,并探寻真正的畅销模型。

Part 7

向顾客传递持续
的满足感

给予顾客
第2次、第3次
持续的满足感

　　你一定有只买过一次的商品或只去过一次的商店等"一次终结"的经验，那么，注意到有这一想法是什么原因造成的呢？

　　实际上，只购买1次不再买第2次的商品或只去1次不再去第2次的商店很多，这是现实。但是，商家如果陷入这种状况，全是去一次就终结的顾客的话，那么就不得不一直招呼新的顾客，从而陷入了恶性循环。

　　因此，最重要的是，给予顾客满足感，让他们还想来第2次、第3次。最少也要给予顾客持续的满足感，与顾客维持持续的关系。

　　要经常探寻顾客的心情，去了解顾客对什么感到满足、对哪里感到不满，从而不断地努力使顾客"满足的部分要更加满足、不满的部分要逐渐消解并变为满足"。

93 设法让顾客"还想来第 2 次"

来过一次的顾客如果再一次光临的话,其销售机遇就翻倍了。所以,面向顾客的招数和特惠,是期待顾客来第 2 次,但或许顾客没来第 2 次的话就变成没有意义的安排了。期待顾客再次光临,应该怎么办好呢? 要想方设法将这次安排变成不是一次就完结的安排。

437 **将竞赛结果于数日后在店门前发布**

例▶ ▶将○○比赛的优胜者在店门口公示

▶在店内举行○○优胜奖的公示发布大会

Point ● 将活动或抽签会的结果发布在数日后在店门口公布。

● 有效利用店内的墙壁,将征集作品和优秀作品等张贴出来。

● 以"将于○月×日在店门口公布!"进行宣传,从而吸引顾客下次来店。

438 **将顾客完成的作品(框画、杯子等)在店内交给顾客**

例▶ ▶将碟子等烧制品在店门口交付给顾客

▶将加入照片和框架的纪念影集在店门口交付给顾客

Point ● 举办由顾客参加制作东西的活动,并于数日后将其完成作品在店门口交给顾客。

● 为了完成作品,店方要进行必要的工作。

● 故意将作品等不现场交付给顾客,设法让其自然地无法完成,以让顾客二次来店。

439 **数日后在店内抽签发表和交付纪念品**

例▶ ▶在店门口发表抽中者 ▶将抽签结果在店门口发表

▶○月○日在店门口进行抽签发表和颁奖仪式

Point ● 在店门口进行活动的抽签,仅抽签当日到场的顾客有抽中的权利,没来店的顾客将失去机会。

● 通过限定抽中者的发表和颁奖仪式在店门口举行,以吸引顾客下次到店。

● 将下次到店的特惠作为奖品颁给顾客。

440 将下回可使用的高额打折券作为礼物派送

例 ▶ "将下次可以使用的 100 元券(一位顾客一张)作为礼物"

▶ "赠送下次可使用的半价折扣券(○○○元券)"

Point ● 尝试将顾客下次来店开始可以使用的本店联票券(折扣券、代金券等)作为为顾客提供的奖品或纪念品。

● 折扣券的使用条件是买够○○元以上即可使用,从而增加顾客购买的条件。

● 对联票券等进行有高级感的印象设计。

441 准备顾客下次来店赠送的精致礼品

例 ▶ 第 2 次来店赠送○○礼物　▶ 第 2 次来店一定会有赠品的活动

▶ 第 2 次来店即有抽奖机会

Point ● 第 2 次来店的话一定会得到特惠(纪念品)。

● 告知顾客下次到店可得到的是多么好的特惠。

● 展示下次到店可得到的极好的纪念品实物,并请顾客去触摸。

442 呼吁顾客下次再光顾

例 ▶ "请再次光临"的卡片　▶ "一人也请光临"的卡片

▶ "请再次光临"的糖块(小点心)

Point ● 制作写有衷心欢迎顾客下次来店的问候语的卡片等传递给顾客。

● 最后传递给顾客的工具(东西)是怎样的东西?然后,考虑在其中加入热情的问候语。

443 将纪念照片加工在顾客下次光临时赠予顾客

例 ▶ 事后将原创的纪念照片装入相框做成礼物

▶ 冲洗纪念照片让顾客下次来店时可取

Point ◉ 为来店顾客拍下欢乐场面的纪念照片，下次来店时将照片交给顾客。

◉ 记录顾客的约定证明、兑换证明并将其交给顾客。顾客下次来店时，可凭证领取精美纪念照片（相框）。

94 所有"与顾客的接触"都是重要的商机

　　和顾客的接触都是产生价值的机会。不论任何场所，任何场面，对顾客的说话方式、接触方式、给顾客的印象等都有重要的商机。所以，思考与所提供的商品存在顾客接触的各个环节能产生出的价值，给顾客的行为过程留下具体的印象，找出所有与顾客的接触点并精益求精。

444 重新审视所有触动心灵的节点

例 ▶ 问询的时候要抓住顾客的心

▶ 订购时举办沟通心灵的活动

▶ 重新审视申请时的应对方式

Point ◉ 在和顾客对话时，将问询详情全部记录下来。

◉ 在所有的接触环节中，检查是否努力做到与顾客心意相通。

◉ 在各个接触环节中，为了与顾客心意相通，提前安排基本的交流内容和活动。

445　重新审视内外设施的"物理节点"

例 ▶ **在停车场的通道增加信息和音乐**　▶ **在鞋柜内侧增加信息**

▶ **在通道的地板上写上感谢信息**

Point ◉ 思考顾客在通过每个通道时，会看见什么，并在那里制造顾客接触信息的机会。

◉ 确认顾客进入设施中，走到哪，在哪驻足，在哪看见什么，并在其中寻找重要的接触机会。

◉ 将用心准备的信息加入到所找到的接触点。

446　为顾客准备脱鞋后可舒适坐下的座位

例 ▶ **挖掘可洽谈的休息场所**

▶ **可以脱鞋悠闲地试用商品的场所**

▶ **可以脱鞋谈话的接待场所**

Point ◉ 试考虑能否制造可在店内脱鞋悠闲洽谈的场所。

◉ 除了宽衣，试考虑能否制造让顾客脱鞋或脱袜子进行放松的场所。

◉ 考虑有什么方法能将现在的顾客席变成更放松的场所。

447　将所有员工都转变为服务人员

例 ▶ **审核停车场（自行车存车处）员工的接待服务**

▶ **提高施工人员的客户服务技巧**

▶ **完善导购服务**

Point ◉ 重新考虑让负责接待顾客的所有员工都成为优秀的接待员进行接待。

◉ 如果员工没有接待意识的话，就难以进入顾客视线，从而与顾客产生隔阂。

◉ 在所有的流程中加入一名优秀接待员以改善情况。

95 用可行方案代替不可行的

顾客在问你问题或是与你交谈的时候，当然不会期待"不行"这样的答案。所期待的，自然是"可以"这样的答案或是"如果○○的话就可以"这样的替代方案。因此，不要回答"不行"，要提前准备多个满足其愿望的替代方案，从而达到应对的目的。

448 展示"这样的话是可行的"的替代方案

例 ▶为"不是不行"而努力　▶将不可行的东西替换成可行的

▶准备多个替代方案

Point ◉制定绝对不对顾客说"不"的规则，取而代之的是养成不断寻找可行方案。

◉对于顾客常有的愿望，事先准备几个替代方案，并与所有员工共享。

◉养成经常思考各种替代方案的习惯。

449 事先准备菜单中没有的替代方案

例 ▶提前决定材料或装饰（服务）的追加或取消

▶准备替代方案，变更可能的清单

Point ◉从基本菜单寻找符合顾客期望的可能商品或替代方案并迅速回复顾客。

◉在决定一个菜单时，也要考虑包括可能变更的部分或素材、可能安排的内容等在内的东西。

450 将众多与顾客的协商及顾客愿望加入到正式的菜单中

例 ▶将顾客的愿望制作菜单专柜　▶有新的愿望时随时增加菜单

感受价值

目标

注意

刺激欲求

信息

目的性的行为

持续的满足感

Point● 探讨能否将来自顾客的愿望或请求等列成清单,将很多实际的东西
追加到正式菜单中的选择化清单。

● 在菜单上留有可以手写追加记载的空间,将已实现的顾客的愿望不
断追加。

96 让顾客产生"来自远方的亲人"的印象

即使想要给顾客"最好的接待",也会有能够做什么的烦恼。因此,一定要尝试让顾客感受到"您是无比重要的人物"。如果难以实现的话,就想象"来自远方的母亲"来到你的店的话,你会怎样接待,预约时间如何,见面的瞬间什么样等具体的设想。

451 换位思考从心底重视顾客

例▶ **联想"分开生活的○○""一年只见一次的○○""远距离的○○""最爱的○○""身体弱的○○"**

Point● 为了探寻最好的接待方式,将顾客替换成"身边最重要的人",进而联想怎样去接待。

● 为了更具体更真实的联想替换成最重要的人接待,尝试想象目前所有的东西。

● 将最重要的人作为"虚幻的存在"进行假定联想。

452 对重要顾客写出"能为您做的事"

例▶ **对于重要的顾客,用心具体地写出"能为您做的事""想要告诉您的事""想要说的事"并实行**

Point● 如果是特意从远方赶来的顾客,认真考虑如何给其留下印象和能为其做的事。

● 通过在联络顾客的瞬间、从进店到出店、到感谢的过程中具体能为顾客做的事以给顾客留下印象。

● 在服务(接待)的过程中,加入想要为顾客做的事。

453 将"遇到您真是太好了"这种想法传递给顾客

例 ▶ 持有"遇到您真是太好了""一直想要遇见您""还想再次

遇见您"这样的心情接待顾客

Point ◉ 用心接待顾客的时候,给顾客带来"再不能相见的重要的人""遇见您
真是太好了""无论如何都想再见您一次"等印象。

◉ 在接待顾客前,将上面的话尝试悄悄演练或者在心里演练。

97 制造和顾客们的牵绊

人与人之间的牵绊会带来安心感和安稳感。进而,如果是有
相同兴趣或爱好的同伴的话,则更会加强这种感觉。因此,你要
创造和顾客有自然牵绊的契机以及一同度过时间的机会。考虑
自然和顾客组成团队。

454 将牵绊通过网络明确表示出来

例 ▶ ○○粉丝俱乐部　　▶ ○○爱好者集团

▶ 喜欢○○之会(粉丝会)　　▶ ○○爱好者协会

▶ ○○地区的××会

Point ◉ 互相展示顾客的兴趣和爱好等,并探寻共同点。

◉ 为了明确共同的兴趣和爱好的联系,举办团体活动或聚会。

◉ 提供可供顾客同伴进行共同话题交流的场所。

455 将特定领域的服务团体化

例 ▶ 喜欢○○的集合大派对

▶ 拥有○○烦恼的××团体

▶ ○○孩子的家长团体

Point ● 准备几个主题或兴趣话题以组成新的团体,从顾客当中招募参加者。

● 以顾客所担心的事和烦恼为主题组成团体。

● 按年龄段划分,以曾经流行的话题组成团体从而找寻共同点。

456 制造可同时进行特殊体验的机会

例 ▶ 以"不可思议的○○旅行"召集顾客

▶ 以"○○的疑似体验"聚集大量顾客

▶ 顾客参加的"○○舞台(秀)"体验

Point ● 将顾客聚集在相同的场所,同时进行特殊体验,制造有紧张感体验的机会。

● 邀请顾客同伴们齐心协力地共同完成一个课题的经验。

● 为顾客制造可以与孩子一起游戏的机会。

457 设置团队特惠

例 ▶ 团体内共同享用卡　▶ 朋友卡　▶ 家族卡

▶ 成对的会员卡　▶ 团体特惠

Point ● 通过顾客以团体形式参加而使特惠更易得到。

● 在同一个的团体内,考虑增大特惠的力度。

● 特惠的人数或参加人数增加的话则增大特惠力度,开将获得特惠的条件简明展示出来。

98 为老主顾提供始终如一的服务

老顾客能够持续提供利润和效益,是理想的顾客。向老顾客提供到位的服务,其他的顾客看见的话,也会加入其中。竭尽全力为客户服务,要明确区分差异,并且将成为老顾客的条件简明易懂地展示出来。

458 明确展示除老主顾以外的特惠差别(价格差别)

例▷ ▶老顾客特惠一览表

▶仅限老顾客的○○优厚服务

▶晋级成为 VIP 老会员的话○○会不同

Point ◉成为老顾客或顾客的话即可得优惠,为顾客展示有力的压倒性证据。

◉将成为老顾客有怎样的优待用简明的一览表展示出来。

◉顾客会员晋级可享受更多的特惠,并明确展示晋级条件。

459 设置只面向老主顾的预售

例▷ ▶"仅限 VIP 会员的先行促销"

▶"仅限老顾客的大甩卖、抢先特促"

▶仅限老顾客的特别销售会

Point ◉举办仅招待特别顾客的促销,一般顾客需抢先的先行促销。

◉在和一般顾客相同的促销会场,制造仅限老顾客可进入会场等特别情况。

◉仅限老顾客可得的特惠、特别条件购入等促销内部的特别对待。

460 举办老主顾专属的特别集会

例 ▶ 感谢老顾客的特别招待会

▶ "老顾客的○○派对"

▶ 举办"限定 VIP 会员的○○活动"

Point ● 策划仅针对老顾客举办的特别活动、聚会或派对等。

● 明确表示被招待顾客都是特别的顾客。

● 介绍召集的顾客同伴,为满意顾客制造在大家面前讲话的机会。

461 为老主顾准备生日折扣(生日礼物)

例 ▶ 老顾客的生日大会

▶ 给老顾客的生日花束

▶ "VIP 会员生日○折特惠"

Point ● 在老顾客的生日赠予特别的东西或原创的东西。

● 仅限生日当月来店享受特别的纪念品。

● 考虑在顾客生日时给予惊喜,赠送喜人的优惠。

462 设置老主顾专属的免费服务

例 ▶ 仅限老主顾的免费午餐服务

▶ 仅限老主顾的免费○○套餐

▶ 制作仅限 VIP 会员的免费菜单

Point ● 限定仅限老顾客的特别优惠,考虑提供有特别价值的免费服务。

● 通过明确告知顾客免费服务的巨大价值从而更提升特惠的价值。

● 一般顾客也可收费订购特惠尚品,并且故意设定高价。

99　尽量让顾客依赖

　　在生意上,让顾客最终依赖你,如果你不是什么都不能完成的话,这单买卖应该能持续发展下去。如果顾客依赖你的话,那么顾客就离不开你。所以,对于顾客感到麻烦的事、一直要做的工作等提供代理服务。

463　对顾客感到麻烦的事提供服务

例 ▶ "对于麻烦的手续,本公司可提供免费服务"

　　▶ "可进行简单便利的○○"

　　▶ "对于麻烦的工作全部提供免费服务的○○"

Point ◉ 考虑通常在顾客的工作中感到麻烦的事是什么。

　　◉ 对于顾客感到麻烦的事,考虑能否有偿或无偿地提供代理服务。

　　◉ 对于麻烦的工作是什么进行说明,并告知顾客消除麻烦的方法。

464　无论如何为顾客完整打包好再销售

例 ▶ "麻烦的工作请交给我们吧! 让您放心安心的打包服务"

　　▶ "什么都不用做的完全打包服务○○"

　　▶ "○○全程支持套餐"

Point ◉ 考虑能否将顾客什么都不用做的"完全打包服务""○○全程支持套餐"等服务进行销售。

　　◉ 明确表示服务内容,让顾客轻松了解只需做的事。

　　◉ 告知顾客"顾客仅需做○○"。

465 将顾客要执行的操作全部菜单化

例 ▶ 制作顾客工作的代理服务菜单表

▶ 各种代理工作选择的费用表

▶ "加上○○元可为您提供××服务"

Point ● 将顾客进行的所有工作按顺序写出来,并考虑作为其代理服务,能否将所有的工作菜单化。

● 制作可简明一览代理工作内容和价格的菜单表。

● 让顾客可以选择申请想要请求帮助的工作。

100 始终做出能够完成的保证

　　将顾客从不安中解放出来的方法就是"保证"。即使只有一点让顾客感到不安的因素,伴随着初次购买担心失败的不安等,如果抱有即使一点点不安,都应为该部分提供保证。通过约定持续的保证来解除顾客的不安,降低客观上、心理上的障碍,从而让顾客轻松愉悦地购物。

466 保证提供无条件修理服务

例 ▶ "无条件修理○○的服务"

▶ "维修仅对零件免费且永久免费"

▶ 加上"不收取修理费保证"

Point ● 考虑能否对生活中的破损和故障,保证提供无条件免费修理服务。

● 通过提示通常情况下请求其他公司修理的参考价格,让顾客轻松了解保修的价值。

● 将实际修理照片和实例简明地展示出来供人观看。

467 向顾客保证买下后可以以旧换新

例 ▶ 对于购买顾客提供以旧换新的保证

▶ 下次购买时以旧换新的金额保证

▶ "○○以旧换新保证制度"

Point ◉ 在顾客想要更新商品时,为让顾客再次购买,探讨能否提供以旧换新的保证金。

◉ 将以旧换新的价格和条件等保证内容简明易懂地展示出来。

◉ 将以旧换新的审定方法和以旧换新的实例等展示出来。

468 提供品质保证(质量鉴定书)

例 ▶ 附带由○○机关鉴定的××品质保证书

▶ 附带○○品质保证书 ▶ 原材料○○保证卡

Point ◉ 增加第三方检测机构的品质保证或品质鉴定书,从而对商品品质进行书面的保证。

◉ 提供并非商品本身,而是对其所构成的原料、素材、原材料、员工、主厨等进行品质和权威保证的证明书(卡)。

◉ 保证使用无农药、无添加的原材料。

469 向顾客保证附带(关联)服务

例 ▶ "保证提供○○免费保养服务" ▶ "提供故障时免费维修服务"

▶ "保证免费提供○○交换服务" ▶ "保证提供○○免费安装服务"

Point ◉ 考虑能否对该商品或服务的周边关联服务提供永久保证。

◉ 考虑能否对于商品相关的消耗东西提供可交换的保证。

◉ 考虑能否对安装和拆卸等复杂工作提供免费服务的保证。

感受价值

目标

注意

刺激欲求

信息

目的性的行为

持续的满足感

101 对购买的顾客进行追踪，将其他顾客的好评传递出去

顾客在购买后会感到一种不安。顾客会不由地想"选择这个真的是正确的吗？""其他东西会不会更好呢？"因此，设法将"不安"变成"安心"很重要。对于购买后的顾客，告知其他顾客的好评，从而更快地让其安心。

470 将顾客的好评收集做成手册发放

例 ▶ **赠送顾客的好评手册**

▶ **举办好评大赛的优秀感想（作品）并做成纪念册**

Point ◉ 为了收集顾客好评举办比赛等，将优秀的感想（作品）以及优秀的好评做成小册子派发出去。

◉ 将优秀的小故事或好评作为顾客之声进行广告活动的宣传。

◉ 在与顾客洽谈时，始终利用其他顾客的好评让顾客结合进行选择。

471 对购买后顾客访问时将其他顾客的满足感传达出去

例 ▶ **通过购买后的访问将其他顾客的好评传达出去**

▶ **向购买后顾客展示其他顾客的开心的照片**

Point ◉ 在受理顾客购买或申请的第二天或之后几天，到顾客家访问，传达其他顾客的好评和逸事，以减消顾客购买的不安感。

◉ 任何时候都准备好顾客的好评逸事或照片等以便与顾客有话题。

472 收集满意顾客建立交流小组

例 ▶ ○○粉丝（爱好者）俱乐部　　▶ ○○粉丝交网站

▶ **喜欢○○的休憩地（信息交流网站）**

Point ▸ ◉收集满意顾客,组建可以交流商品或服务有关信息的交流小组。

◉以"○○粉丝俱乐部""○○爱好者集会"等主题建造交流网站。

◉将交流网站内的信息有效利用到商品开发中,作为制作责任人也参与交流。

473 聚集购买顾客举办派对

例 ▶ ▶购买○○的话可参加特别派对

▶举办仅限购买者参加的聚会

▶○○粉丝感谢活动

Point ▸ ◉举办仅限购买顾客的聚会活动,再一次传达商品的优点,制造共享的机会。

◉对活动现场进行记录、录像、采访等,作为促销工具提供给还未购买的人观看。

474 采访成为热衷粉丝的顾客

例 ▶ ▶通过粉丝感谢活动就○○的优势进行访谈

▶配发最爱○○的采访录像

▶来自粉丝的动画投稿

Point ▸ ◉关于商品或服务,对成为超级粉丝后的顾客进行采访或对话,进行问卷调查,并将其结果内容展示给其他顾客。

◉任命作为超级粉丝的顾客为商品相关的特派员或大使,拜托他们做信息发放等工作。

◉培养粉丝代表的解说员。

102 给予同行小孩机会

在顾客带有小孩子的情况下,让顾客喜欢上商品非常简单。关键就是认真对待同行的小孩,像喜欢自己的孩子一样喜欢他。所以,对于有孩子同行的人,要发挥灵感、认真接待,将其看成最好的机会。准备众多小孩喜欢的服务,让孩子展开笑脸。

475 将小孩当作一个大人来接待

例 ▶ ▶准备小孩用的迷你型小刀和餐叉套餐

▶将正式的套餐变成小份

▶为小孩也准备席卡

Point ● 将小孩也当作一个大人来接待,准备通常因为是小孩才有的服务。

● 将为大人准备但没有为小孩准备的东西记录下来,考虑能否为小孩准备替换品或准备同样的东西。

● 将小孩也当作大人来接待。

476 制作小孩专用的商品和菜单说明

例 ▶ ▶小孩专用的特别菜单

▶仅限小孩的商品(套餐)

▶面向小孩的商品专柜

Point ● 试配备仅限小孩用的可爱版菜单、特别菜单、商品目录等。

● 尝试制作易读的、只有拼音的,有插图和漫画的商品目录和菜单。

● 制作聚集了仅面向孩子的商品专柜。

● 对于孩子专用商品,即使是同样的商品也应降低价格。

477 **准备小孩用的可爱设备**

例 ▶ 小孩专用的迷你小桌子（椅子） ▶ 小孩专用的迷你小床

▶ 小孩专用的迷你购物车

Point ● 将大人使用的设备全部记录下来，并考虑能否将这些设备小型化、可爱化以供小孩使用。

● 要常常有"大人拥有的东西，小孩同样想要拥有"的意识。

● 设法制造出"小孩专用的迷你○○"的印象。

478 **获取关于小孩的信息以有效地提供服务**

例 ▶ 在小孩的碟子上画上他们喜欢的东西

▶ 准备面向小孩的信息卡 ▶ 称呼小孩的姓名进行接待

Point ● 当顾客有小孩相伴时，尽量探寻关于小孩的信息。

● 考虑能否在食物或商品上反映出小孩的姓名、年龄、喜欢的人物角色、喜欢的运动等。

● 向小孩赠送带有日期和姓名的问候卡。

479 **设置小孩专用接待区**

例 ▶ 小孩专用柜台（受理窗口） ▶ 1、2 岁阶段的小孩专用接待区

▶ 小孩专用接待桌

Point ● 为小孩准备和大人相同的接待区。

● 在大人接待区的旁边，通过设置台阶等，让小孩和大人共同参加。

● 准备小孩专用的东西，在小孩专用接待区直接交给小孩。

480 **将和小孩的合照做成礼物**

例 ▶ 提供和小孩的纪念照片的摄影服务 ▶ 将家人纪念照片作为

礼物 ▶ 将家人纪念照片做成海报作为礼物

Point ● 对于带小孩的顾客,照家人纪念照片,作为纪念品并附上日期、加入店名赠送给顾客。

● 有意识地呼吁顾客"用手上的相机给您照张相吧"。

● 在照相时有效利用纪念照片,制作记录有店名、日期的"纪念照片卡"。

481 将小孩的名字写在盘子或菜肴上

例 ▶ **在餐具上写上小孩的名字** ▶ **在食物上写上小孩的名字**

▶ **在小旗子上写上小孩的名字**

Point ● 将小孩的名字作为要提升的最大服务项目,在食物的碟子上用番茄酱之类的写上小孩名字。

● 提前准备小旗子、小卡片等,写上小孩的名字并添加到商品里。

● 提前准备写有小孩名字的卡片。

482 收集小孩喜爱的东西并赠予小孩

例 ▶ **"喜欢收集○○的话,可得到喜欢的漫画(游戏、玩具)"**

▶ **"如果订购○○的话孩子可得到他喜欢的○○"**

Point ● 对于带孩子多的店,收集点币、贴签、印章等的话,就可以全面地让孩子得到喜欢的东西,将这作为宣传活动。

● 准备孩子想要收集的点币的奖品,并将收集的点币卡片做成孩子喜欢的设计。

483 和员工一起庆祝小孩生日

例 ▶ **准备孩子专用的生日卡片作为礼物**

▶ **员工一起唱歌作为生日礼物**

▶ **迷你生日蛋糕作为礼物**

感受价值

目标

注意

刺激欲求

信息

目的性的行为

持续的满足感

Point ◎ 在孩子生日前后的一个月内,举办庆祝生日的活动。

◎ 将员工制作的问候卡片、蛋糕、歌曲等作为礼物。

◎ 拍摄纪念照片,日后做成礼物。

◎ 提前询问顾客:"今天是您孩子的特别日子吗?"

484 在孩子等待的时候用有趣的事物吸引他们

例 ▶ 制造可以观看漫画电影的场所　▶ 可以玩玩具的场所

▶ 可以观赏漫画或画图册的场所

Point ◎ 不要让孩子等候,让其注意力转向别的好玩的东西。

◎ 准备可让孩子对其喜欢的东西可摸到、可看见、可读到的场所。

◎ 在家长能看见的地方设置孩子的休闲场所。

485 在广告中使用孩子们画的肖像画和插画

例 ▶ 将顾客的孩子画的画或是肖像画作为广告使用

▶ 在店门口举办孩子们的肖像画的展示会

Point ◎ 征集孩子画的画或是插图并举办宣传活动,将其在店门口展示,或作为广告使用等,从而吸引家长的目光。

◎ 策划让孩子画爸爸妈妈爷爷奶奶的肖像画,从而吸引家人的眼光。

486 准备变装的衣服(装束)

例 ▶ 穿着公主的衣服照相　▶ 出租漫画人物等的衣服

▶ 出租各种职业的衣服

Point ◎ 提前准备一些孩子们可以变装的装束模型。

◎ 提前准备可以为变装拍摄的地点。

◎ 尝试准备店内员工或工人的装束等,也可准备稀奇的装束类型。

487 为同行的孩子免去费用

例 ▶ 同行的孩子免费　　▶ 孩子们任何时候都免费

▶ 孩子可享受饮料免费　　▶ 孩子可享受甜点免费

Point ● 进行同行孩子的费用任何时候都免去或是半价这样的收费设定。

● 在有大人陪同的情况下,孩子喜欢的菜肴或商品可免费,从而让孩子和大人都开心。

● "带一名孩子可得到○○",设置这样的带孩子即可享优惠的特惠。

103　赠送富有回忆的礼物给初次光顾的顾客

对于初次到店的顾客,再没有比他们下次是否还来更重要的问题了。单单针对新顾客进行持续销售是至关重要的一环。因此,对于新顾客,要十分重视。为了不让顾客遗忘本店,给他们准备印象深刻的特产,设法让他们再一次光临本店。

488 在最后赠送手写的感谢信

例 ▶ 将手写的感谢信和下次到店的邀请信交给顾客

▶ 手写的感谢卡

▶ 在纪念照片上写上感谢话语

Point ● 对于初次到店的顾客,将手写的感谢信和下次到店的邀请信交给顾客。

● 为送给顾客的问候卡设计多种风格。

● 一定要将写有店名和地址的卡片或纪念品等交给初次光临的顾客。

489 赠送含有初次光顾日期的纪念品

例 ▶ 将带有日期的本店原创硬币送给顾客

▶ 在纪念币上加上问候语作为礼物赠予顾客

▶ 将有日期的底纸的纪念照片作为礼物

Point ◎ 将顾客初次到店的那天作为纪念日以加深顾客印象并制作纪念品赠予顾客。

◎ 将初次来店的日子作为顾客的纪念日进行记录，并以那天有关系的日子作为切入点，准备特惠招呼顾客来店。

◎ 最后在店内或店门前拍摄纪念照片。

104 对于女性顾客特别接待

　　即使有很多女性，但如果她们觉得被特别对待了就会感到欣喜。反之，如果没有被特别对待，也可能产生不快的感觉。因此，对于这样的女性，一定要进行特殊对待让她们感到开心。拓宽网络、增强街谈巷议的力量，让女性顾客开心的话，不仅仅是女性顾客，男性顾客也会被拉过来。

490 运用"特有的女性称呼"这样的接待窍门

例 ▶ 公主路线　　　▶ 豪华的灰姑娘路线

▶ 引路直至席位　　▶ 配备公主的装束

Point ◎ 为女性顾客准备一些公主般的特别接待方式或特别接待路线。

◎ 准备一些用于公主般接待的小道具，并在遣词造句上下功夫。

◎ 考虑准备有公主（贵小姐）般印象的商品或菜肴及装饰等，并制作特别的菜单。

491 准备女性用的特别菜单

例▷ ▶准备仅限女性的特别菜单 ▶女士套餐

▶仅限女性的礼物 ▶女性可享受的免费菜单

Point ◉准备仅限女性的菜单簿或仅限女性可订购的菜单等女性限定设备。

◉准备一些仅限女性的特别的东西作为礼物。

◉准备仅限女性的免费商品或一道菜等。

◉在菜单等仅限女性可享受优惠的商品上做标记,使其简明易懂。

492 设置女性专用(男性禁止)

例▷ ▶仅限女性可以进店 ▶设定女性专用日

▶制作女性专属服务区(女士服务区)

Point ◉通过"仅限女性可享受○○的店""女士○○"等排除男性,制造仅限女士享用的切入点。

◉制造区域和阶段,准备仅限女性休闲的场所。

◉将仅限女性的特惠和仅女性的场所等的价值简明地告知顾客。

493 根据女性人数增加特惠

例▷ ▶女性团体折扣

▶根据女性人数改变折扣额度的"女性人数折扣制度"

▶根据女性人数改变特惠

Point ◉如果女性顾客人数增加的话,考虑将特惠也增加。

◉悄悄准备仅限女性团体的特别服务或特惠。

◉根据女性人数决定怎样的特惠,并让顾客了解其具体价值。

105 一定要微笑接待

接待顾客时最重要的就是微笑。无论怎样的优美辞藻，没有微笑的话都难以传达出感情。即使是在看不见的电话里，也要认为没有微笑就传达不了诚意。同样，在写文章时，将心里的话面带微笑地写出来会更好。请努力不论在怎样的场景下都以"笑脸"接待顾客。

494 保持微笑 3 秒钟

例 ▶ 接待顾客时请保持笑容 3 秒

▶ 在寒暄后稍微保留微笑

Point ◉ 在对顾客展开笑颜之后，心里面默数 3 下以保留笑容余韵。

◉ 笑容之后的表情变化不能极端。

◉ 对于表情变化，要努力留有余韵。

◉ 在员工之间互相检查表情变化的余韵。

495 在顾客看不到的时候也要对镜练习微笑

例 ▶ 打电话前经常在镜子面前检查笑容

▶ 在顾客看不见的地方安装检查笑容用的镜子

Point ◉ 在电话接待、邮件接待等顾客看不见的交流方式中，为了常常检查笑容，在面前放一面镜子。

◉ 尝试在柜台的内侧放置检查笑容用的镜子。

◉ 面带笑容地写感谢文章、输入信息等。

496 举办由顾客投票的员工微笑评比

例 ▶ 举办员工笑容评比大赛

▶ 员工微笑投票卡

▶ 将员工微笑排名表贴于墙壁

Point ● 尝试举办顾客参加投票的运功微笑活动、比赛等。

● 对于评价高的员工，将微笑章或★标等标牌贴上进行表彰。

● 将审查结果公布在店内墙壁或网页上供顾客观看，并对参与投票的顾客给予特惠。

106 做预定之外的事情

　　顾客在什么时候会由衷感到高兴呢？答案是，当发生预料之外的高兴的事时。一旦真发生高兴的事，就会抓住顾客的心。考虑将顾客万万没想到的例如"有什么特别的东西、高兴的事、绝妙的景色或音乐"等都可以，让顾客感到"不会吧?!"的事作为礼物赠予顾客。

497 为个别顾客准备特别席位

例 ▶ 将窗口席作为特别席位

▶ 将通常没有席位的地方设置或仅用于特别时刻的席位

▶ 制作特别席位的席卡

Point ● 在店内准备特别时刻、特别顾客的推荐房间和席位。

● 在特别的场合或场景下，为顾客提供特别席位。

● 对于特别房间、特别席位等，将其特别之处通过道具和装饰展现出来。

498　将往昔回忆收集起来供顾客体验

例 ▶ 将过去（孩子出生那天）报纸的复印版作为礼物

　　▶ 将当时流行的曲子作为店内背景音乐

Point ◉ 作为惊喜，试考虑举办能让顾客想起某段回忆或特殊日子的演出。

　　　◉ 尝试准备纪念日的报纸或那个时代的灵魂之曲等。

　　　◉ 制作能抓住回忆的原创菜单名或商品名。

499　让顾客看到意料之外的景致（装饰）

例 ▶ 室内颜色急剧变化的场景

　　▶ 将室内照明变成和平时不一样的颜色

　　▶ 在通道设置黑暗道路

Point ◉ 试考虑和顾客平时感受的印象不一样的装饰、照明、场景等。

　　　◉ 为了使景色有变化，设置黑暗通道，或采取蒙眼等观看方式。

　　　◉ 将平时看不到的里侧、内部、影子部分等展示出来。

500　将菜单没有的特别东西做成礼物赠予顾客

例 ▶ 将计划没有的东西当场赠予顾客

　　▶ 当场进行原创菜肴的烹饪

　　▶ 将某位顾客喜欢的东西作为礼物

Point ◉ 考虑能否将本店菜单或当初没有的东西作为惊喜提供给顾客。

　　　◉ 加一种仅该顾客了解、喜欢的东西。

　　　◉ 将能让顾客回忆起自己长大的场所和地域以及孩童时代的东西作为礼物。

　　　◉ 明确传达所有菜单没有的服务。

感受价值

目标

注意

刺激欲求

信息

目的性的行为

持续的满足感

后 记

只要翻开书就会明白,促销点子虽然只有 500 个,但举出的具体实例却超过 1500 个。这是足以让人震惊的数量。

自从决定策划本书开始,笔者围绕促销精髓,绞尽脑汁,为了想出具体的促销点子和灵感,埋头进行了一系列的写作,用了将近两年的时间。

本书中出现的 500 个"促销金点子"是在各种行业和业务类别中都可以直接快速使用的。其中,包含了一般情况下经常使用或多少有些相似的,只要稍加整理,就可以发展出更多的使用方法。

这些促销有效果的方法或手段都是通过过去无数次反复试验、不断加以整理而得来的经验。因此,结合你想要卖的东西、所存在的状况和情景,再加上本书介绍的点子、灵感、方法、手段等,你一定可以做得更好。

此外,在"促销金点子"中,包含了很多不用花钱、一读就会、可以现学现用、很快地灵活利用的技巧。在你邂逅好点子时,一定要迅速地投入实践。

"促销精华"所介绍的 106 个点子或思考方法全是笔者自己有意识留心总结而来的,同样对我来说也意味着"在促销方面也是累积精髓成就经典"。

本书没有标新立异的点子,没有突发的奇想。但是,如果你想要更准确、更快速地"更好地卖出你想卖的东西",那你应该可以从中得到许多启发。

你不仅仅是要大致浏览本书,

还要尽快付诸实践,

当然可能是出于冲动。

请充分地灵活地去实践，
去不断地犯错误，
你才会看清最有效的方法。

为了让你能更顺畅地使用本书，衷心希望你能把自己发现的"促销精髓"不断地更新到书旁的空白部分。

最后，衷心感谢容忍我延期交稿数月，却仍然耐心等待我的主编部的 T 先生。

还有，在这近两年时间里，休息日我也基本上在忙于本书。向一直辛劳于家务的家人们、基本没有陪同游玩过的爱子，我要表达我的感激之情。谢谢你们一直灿烂的笑容。

笔　者